珈琲館×カフェ・ベローチェ×カフェ・ド・クリエ

C-UNITED

一杯のコーヒーに心をこめて

～"街の財産"となるカフェづくりを！～

プレジデント社

はじめに

〝珈琲文化〟の創造と発展を通して〝人〟を幸せに

カフェ・ベローチェでコーヒー片手に一息ついたことはありませんか?

珈琲館でコーヒーを味わいながらくつろいだことはありませんか?

カフェ・ド・クリエでコーヒーとお料理を楽しんだことはありませんか?

そのカフェ・ベローチェや珈琲館、カフェ・ド・クリエを展開しているのが、私たちC-United株式会社です。


最初に、C-Unitedについて簡単にご紹介しましょう。

私たちC-Unitedは、珈琲館株式会社と株式会社シャノアールが2021年に統合し船出したばかりの若い会社です。2023年には新たに株式会社ポッカクリエイトが加わりました。現在はカフェ・ベローチェや珈琲館、カフェ・ド・クリエを中心に、珈琲館 蔵、CAFE DI ESPRESSO 珈琲館、THE SMOKIST COFFEE、メゾン・ド・ヴェールなどの計8ブランド、全国約

560店舗（2025年3月時点）のカフェチェーンを展開しています。

船出に際し、私たちは次のような経営理念と経営ポリシーを掲げました。

【経営理念】

珈琲文化の創造と発展を通して人を幸せにすること

（〝人〟という言葉には、お客様、お取引先様、そしてすべてのスタッフとステークホルダーが含まれます）

【経営ポリシー】

一杯のコーヒーに心をこめて。

心地よい日常を文化にする

コメや小麦などの主食と違い、コーヒーがなくても健康を害したり空腹に苦しんだりすることはありません。言ってみれば、コーヒーは私たち人間が生きていくうえでは必要のないものです。

しかし、毎日の暮らしの中においしいコーヒーを飲む時間があったなら、私たちの人生は少し心豊かなものになるのではないでしょうか。そういう意味では、コーヒーは私たちの心に豊かさをもたらすものであり、またいつもそばにある空気のようなものといえます。

そんなコーヒーを高いクオリティとリーズナブルな価格で提供することでこの国の食文化の底上げを図っていくことが、私たちの考える「珈琲文化の創造と発展」です。

そして、私たちはそのことを通して、お客様、お取引先様、スタッフを含む、すべてのステークホルダーの皆様を幸せにしたいと思っています。

例えば、お客様の幸せのために、私たちは心地よい空間でおいしいコーヒーやお料理を安価で提供することに全力を尽くします。

スタッフの幸せのために、私たちはスタッフ一人ひとりにとってプラスになる経験と素晴らしい時間を提供することを約束します。

ブラジルやアフリカなど現地のコーヒー生産者の幸せのために、私たちは豆の買い付けに関して少しでも多くの利益を還元できるようにします。

「珈琲文化の創造と発展を通して人を幸せにする」――。

「創造」には、これでよいという終着点はありません。だからこそ、私たちC-Unitedはこうした取り組みを永続的に行っていきます。

そして、珈琲文化の創造と発展を通し、お客様はもとより、社員やアルバイト、お取引先様も含めたすべての人の幸せを必ず実現していきます。

さあ、出航の時間です。

飲食業に関心がある方、カフェチェーンで働いてみたい方、自分自身の成長を実感したい方、働くことに幸せを感じたい方、フランチャイズオーナーとして活躍したい方……。

少しでもC-Unitedに興味を持たれた方は、この船に乗り込みC-Unitedのすべてをご覧いただければと思います。

このページをめくった先に、きっと新しい船出が待っています。

C-United株式会社

代表取締役社長　友成勇樹

Chapter 04

さらなる飛翔へ向けた C-Unitedの「成長戦略」

Chapter 01

What is C-United？
その強さの源泉とは

魅力ある3つのカフェブランドの統合から生まれた会社。だからこそ……

C-Unitedは珈琲館とシャノアールが2021年に統合して誕生し、さらに2023年にはポッカクリエイトが加わりました。

これにより珈琲館、シャノアールが運営するカフェ・ベローチェ、ポッカクリエイトが運営するカフェ・ド・クリエ、いずれも全国で約160〜200店舗を持つ3つのカフェブランドが一つに集結したわけです。

その主力3ブランドのほか、統合前からCAFE DI ESPRESSO珈琲館、メゾン・ド・ヴェール、カフェ・ド・クリエ ホピタルという3つのブランドがあり、さらに統合後に珈琲館 蔵、THE SMOKIST COFFEEの2ブランドを増やし、現在は計8ブランド、全国約560店舗（2025年3月時点）のカフェチェーンを展開しています。

そんなC-Unitedの強みの一つは、2021年に誕生したばかりの若い会社でありながら、統合前の珈琲館やシャノアール、ポッカクリエイトが長期にわたって培ってきた伝統をしっかりと受け継いでいることです。

珈琲館とシャノアールはともに50年余にわたってコーヒービジネスに力を注ぎ、〝わが街の喫茶店〟として全国各地で親しまれてきた歴史があります。また、ポッカクリエイトにもその地域に根づいた店舗が数多くありました。

そうした地域の人びとに愛される店舗は、まさに〝街の財産〟です。

私たちC-Unitedは3社の伝統と〝街の財産〟をしっかりと受け継ぎ、さらに長く愛される存在へと育て上げています。

Coffee × Creativity × Chemistry ——社名に宿るC-Unitedの強み

「C-United」という社名も、私たちの強みの一端を表しています。

この社名は社内公募から生まれたもので、「C-United」の「C」には「Coffee（コーヒー）」「Creativity（創造力）」「Chemistry（化学反応／相乗効果）」という3つの意味が込められています。

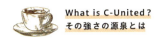

前述のようにCoffee（コーヒー）は、人間が生きていくうえでは必要ないけれど、私たちの心を豊かにしてくれる大切なものです。

そうしたコーヒーをお客様に提供するのが、私たちの生業であるという思いを込めました。「C-United」の「C」には、おなかを満たす食事を提供するファミリーレストランではなく、心を満たすコーヒーを提供するカフェチェーンであるという私たちの誇りと原点があるのです。

Creativity（創造力）はまさにその言葉通り、現状に満足するのではなく、常によりよいものを創造する努力を続けようという、C-Unitedのメンバー全員の誓いを表現したものです。

そして、最後のChemistry（化学反応／相乗効果）には、3社が統合して誕生したC-Unitedだからこそ、育った文化が異なる社員同士が〝化学反応〟を起こすことで会社をもっと強くしていこうという思いが込められています。

つまり、多様性に富んだメンバーが集まったC-Unitedという環境そのものが、私たちの強みだということです。

社員同士の〝化学反応〟によりC-Unitedはもっと強い会社へ！

皆さんは、DE&I（ダイバーシティ・エクイティ＆インクルージョン）という言葉をご存じでしょうか？

DE&Iとは、「Diversity（多様性）」「Equity（公平性）」「Inclusion（包摂性）」の頭文字をとった言葉で、多様性とアイデンティティを尊重しながら、すべての人を公平で包摂的な環境で受け入れるという考え方です。

C-Unitedでは、さまざまなバックグラウンドを持つ方々に飲食業で働く楽しさや喜びを感じていただけるよう、DE&Iを推進しています。

そして、これはさきほどお話ししたChemistry（化学反応／相乗効果）にもつながるものです。

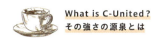

カフェ・ベローチェ、珈琲館、カフェ・ド・クリエ――、3つのブランドの社員はそれぞれ育ってきた文化が異なります。

例えば、カフェ・ベローチェにはレシピや営業手法などに細かい規定があり、それを厳格に守る社風があります。一方、珈琲館は各自が臨機応変に対応できる文化、そしてカフェ・ド・クリエはブランドに対する愛着が強い社員が多い、という特徴があるのです。

このように文化がまったく違う会社が合併する際は、経営統合、業務統合、意識統合という3つの段階から成る統合プロセスが必要とされています。

そのうち最も難しいのが意識統合、つまり文化が異なる社員が互いを尊重しながら一つの会社のメンバーとして力を合わせていくことです。

そこで私たちC-UnitedはDE&Iを重視するとともに、よい意味での〝化学反応〟を起こすため、3社の融合に力を注ぎました。

その一つが、新たに加わる仲間を心から歓迎することです。

最初に現在の本社ビルに移転してきたのは珈琲館の社員でしたから、カフェ・ベローチェと統合する際は「ようこそ！」「Welcome！」などと書いた紙を至るところに貼り、大きな拍手と歓声でカフェ・ベローチェのみんなを迎えました。

もちろん、カフェ・ド・クリエと統合したときも盛大な歓迎会を催しました。

同時に、カフェ・ベローチェの店長を珈琲館の店長に抜擢《ばってき》したり、複数店舗のマネジメントを担うスーパーバイザー（以下、SV）に別のブランドを担当してもらうなど、ブランド横断的な人材配置も行いました。

こうした取り組みと社員全員の努力により意識統合はスムーズに進み、今では自分の出身母体がどの会社であるかを意識することはほとんどなくなっています。

うれしい〝化学反応〟も生まれています。

例えば、もともとはカフェ・ド・クリエの社員だったメンバーが「もっとコーヒーのことを学びたい」と珈琲館に異動したり、珈琲館の店長だった社員が現在はカフェ・ベローチェの事業部長としてがんばっていたり……。そうした融合を通じて互いのブランドのよいところを吸収しようという〝化学反応〟が至るところで起きています。

そして、この社員同士の〝化学反応〟こそが成長のエンジン。C-Unitedは〝化学反応〟を原動力にさらに強い会社になっています。

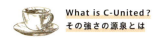

ブランド❶

カフェ・ベローチェ
～気軽に立ち寄れ、心地よい日常を

では、私たちC-Unitedが大切に磨き上げている5つのカフェブランドをご紹介したいと思います。まずは、カフェ・ベローチェです。

カフェ・ベローチェの歴史は、1986年に東京・代々木にオープンしたセルフサービス型のコーヒーショップから始まります。

以来、お客様一人ひとりの空間を大切にした店舗設計と落ち着いた雰囲気でお客様に心地よい日常を提供し、現在では全国約160店舗（2025年3月時点）を展開しています。

「ベローチェ」とはイタリア語で「迅速」という意味。その名の通り、スピーディーな商品提供と気持ちのよいサービスが最大の特長です。おかげさまで、2021年9月に実施された、あるインターネット会社の調査では、カフェ・

Chapter 01

ベローチェは「カフェサービス満足度No.1」に輝いています。
そんなカフェ・ベローチェのブランドコンセプトがこちらです。

気づいたら、いつもここ。

例えば、忙しくて昼食を食べる時間はないけれど小腹を満たしたい、取引先との商談までちょっと仕事がしたい、次の約束まで時間を潰《つぶ》したい……、そんなふうに限られた時間を有効に使いたいというお客様一人ひとりのニーズにフィットすることで、「やっぱり、ここだね」「いつも、ここに来ちゃう」と言っていただけるカフェブランドを目指しています。

そのため、カフェ・ベローチェは今も進化を続けています。
お客様の多くがビジネスパーソンで、仕事の合間に利用したいとか、カフェでデスクワークをしたいというニーズがあったため、店内のコンセントを増設するとともに、テーブルと椅子も低いものに変えることで作業しやすい環境に改善しました。

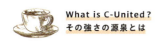

コク・甘み・酸味のバランスのとれた上質なコーヒーをお客様に

スピーディーな商品提供と気持ちのよいサービスに加え、コーヒーやフードにも注力しています。

カフェ・ベローチェを代表するブレンドコーヒーは、ブラジルやグアテマラなどの豆をバランスよく配合した、コク・甘み・酸味のバランスのとれた上質なコーヒーです。

また、カフェ・ベローチェでは「お客様につくりたてのおいしいサンドイッチを召し上がっていただきたい」という思いから、従前より店内でサンドイッチを調理していますが、統合後はフードメニューを刷新しました。

特にビジネスパーソンのお客様が多いため、忙しい方々向けのメニューを充実させたのです。

例えば、仕事をしながら片手で食べられるようにホットドッグやオリジナルのサンドを増やし、サンドイッチは9種類に拡大。ライス系は3つのメニューを増やして、パスタもメニューを拡大。さらにグラスデザートも一つのメ

Chapter 01

ニューを増やし、ホットフードのメニューも強化しました。

これらの結果、ある会社が実施した２０２１年9月のインターネット調査では、「サンドイッチがおいしいカフェNo.1」に選ばれています。

さて、カフェ・ベローチェといえば、黒ねこのシンボルを思い浮かべる方も多いのではないでしょうか。

この黒ねこのシンボルが誕生したのは、今から60年前の１９６５年のこと。その年、カフェ・ベローチェの前身である珈琲館シャノアールが東京・福生にオープンしました。

「シャノアール（Chatnoir）」とはフランス語で「黒ねこ」という意味。その店名にちなんで、黒ねこのシンボルが生まれたのです。

歴史を刻んだ黒ねこはカフェ・ベローチェに引き継がれ、現在では缶バッジやポーチ、バッグ、ハンドタオルなどさまざまな黒ねこグッズも誕生し、多くのお客様に愛されています。

カフェ・ベローチェ

CAFFÈ VELOCE

スピーディーな
商品提供と
気持ちのよいサービス。
お客様のニーズに併せて、
常に進化を続けている

ブランド2

珈琲館
～最高の一杯に出合える、歴史ある喫茶店

珈琲館は、コーヒー好きの方向けのフルサービス型カフェです。

1970年に東京・神田神保町で誕生し、現在では全国約215店舗(2025年3月時点)を展開しています。

そんな珈琲館のブランドコンセプトがこちらです。


一杯のコーヒーに心をこめて。


このコンセプト通り、珈琲館のモットーはお客様に最高のコーヒーをお届けすること。

その具現化の一つが、常時用意しているコーヒー豆の種類です。

ほかの大手カフェチェーンではコーヒー豆は多くて5～6種類ですが、珈琲館では常時11種類のコーヒー豆を使っています。

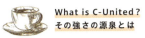

炭火珈琲は、国産備長炭を使用し厳選されたコーヒー生豆を深く焙煎《ばいせん》した「炭火珈琲」「炭火アイスコーヒー」の2種類を用意しています。

ブレンドコーヒーには、創業以来愛され続けているオリジナルブレンドである「珈琲館ブレンド」、ブラジルベースのライトな味が特徴の「アメリカン」があります。

そしてストレートコーヒーは、毎月数量限定でご提供している「ブルーマウンテン100%」、タンザニア産のコーヒー豆を完熟させた「完熟珈琲」、ブラジル産の良質なコーヒーの実をじっくり自然乾燥させた「蔭干し珈琲」、生産量が少なく、希少価値の高い「マンデリンG-1」、コーヒーの原点ともいえる「エチオピアモカG-2」、カフェインを97%カットしつつコクのある味わいに仕上げた「カフェインレスコーヒー」の6種類を取り揃《そろ》えています。これらに加えて、季節ごとに期間限定コーヒーを1種類用意しています。

さらに、ほとんどのカフェチェーンでは豆をあらかじめ挽《ひ》いておきますが、珈琲館では風味を損なわないよう、お客様にオーダーをいただいてからハンドドリップ抽出、もしくはサイフォン抽出で丁寧に淹《い》れています。

このように11種類のコーヒー豆を揃え、一杯一杯、丁寧に淹れてご提供する、いわゆるフルサービス型のカフェチェーンは珈琲館だけです。

さらなるおいしさを追求し、グランドメニューを大幅刷新

最高のコーヒーに合わせるお食事も重要です。

そのため、多くのカフェチェーンではセントラルキッチンでつくったお食事を店舗で温めて提供していますが、珈琲館はほぼ手づくりし、すべてのお食事を店内で仕上げています。

また、２０２１年７月にはグランドメニューを大幅リニューアルしました。

さくらで燻したベーコンと野菜がたっぷり入った「燻しベーコンのB.L.Tサンド」、バナナ・桃・マンダリン・リンゴ・パイン・オレンジの６種の果実とミルクを合わせた「フルーツ牛乳ミックス」……。約２年にわたってすべての

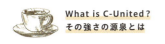

商品を見直し、研究・試作を重ね、何度もテスト販売を繰り返した自信作12品を新たにメニューに加えるとともに、一部現行メニューもよりおいしく刷新し、お客様から好評をいただいています。

さらに、現在の名物メニューとなっている「トラディショナル・ホットケーキ」をリニューアル開発。よりおいしくするために、複数の糖類を配合し、コクと甘みを楽しめるようにして、バターを有塩バターに、シロップも独自配合のものにしたうえ、ほぼすべての店舗に専用の銅板を導入しました。焼き上げるときの熱伝導率が向上したことで、生地の水分を飛ばしすぎず、全体をムラなく焼き上げることができるようになり、外はサクッと、中はふっくらしっとりとした食感で、お客様に大好評をいただいています。

こうしたさまざまな取り組みの結果、2021年9月に実施された調査会社のインターネット調査で、珈琲館は「珈琲好きが選ぶ珈琲の品質満足度No.1」「珈琲好きが選ぶ美味しい喫茶店No.1」に選ばれています。

珈琲館

珈琲館
COFFEE・KAN

一杯ずつ丁寧に淹れ、
お客様に最高のコーヒーを。
お食事にも注力した
フルサービス型
カフェチェーン

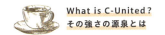

ブランド③

カフェ・ド・クリエ
～健康でおいしい、からだにやさしいカフェ

カフェの文化が根づき、1日の暮らしの中にカフェで過ごす時間が組み込まれているヨーロッパ。

そんなヨーロッパのカフェ文化に日本の文化を融合しながら、新しいカフェをつくっていこう――。そうした思いから1994年、名古屋市に誕生したのがセルフサービス型のカフェ・ド・クリエです。

現在では全国約180店舗（2025年3月時点）を展開しています。

そのカフェ・ド・クリエのブランドコンセプトがこちらです。

〝一杯のしあわせ〟からはじまる〝たくさんのしあわせ〟を、あなたに。

この言葉には、お客様一人ひとりのマイカフェになるために、一杯のコー

ヒーを淹れる瞬間に思いを込め、今日もまたカップいっぱいの幸せを届け続けようという、スタッフみんなの気持ちが込められています。

お客様により充実した瞬間を過ごしていただきたいという思いから、2021年4月にはコーヒーも刷新しました。「ちょうどいい一杯」をキーワードとした新しいコーヒーは喫茶店の深煎りブレンドを取り入れたコク深い味わいで、多くのお客様にご支持いただいています。

また、カフェ・ド・クリエでは、季節性やトレンド性、独自性のあるフード開発をするとともに、統合を機に店内で手づくりしたサンドイッチの提供も開始しました。

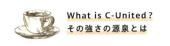

現在は〝からだハピネス®〟をテーマに、お客様の健康を考えたメニューをご提供することに力を入れています。

これもお客様のニーズに寄り添う中から生まれたもの。もともとカフェ・ド・クリエは女性のお客様が非常に多かったため、そうした方たちのニーズを取り入れ、新鮮な果物や発酵食品を使ったスムージー、フレッシュな野菜のサラダ、糖質50%オフのパスタなど、おいしさはそのままに手軽で体にうれしいメニューを幅広くラインナップ。

健康への意識が高いお客様を中心に、大好評をいただいています。


デジタル社会の進展やリモートワークの定着などにより、仕事や打ち合わせ、読書、友人とのおしゃべり、家族との食事など、カフェの用途は今後さらに広がっていくことでしょう。

そうした考えの一環として、カフェ・ド・クリエではスタンダードなカフェに加え、個性的な店舗も展開しています。それが、「カフェ・ド・クリエ ホピタル」です。

これは、患者さんや職員の方たちの癒やしの場でありたいという思いから誕生した病院内店舗で、ユニバーサルデザインを基本とした店づくりを行っています。カフェインレスコーヒーなど、健康に配慮したメニューが充実しているのが特徴です。

2025年3月現在、国立がん研究センター中央病院や慶應義塾大学病院など、全国約36ヵ所の病院に展開しています。

カフェ・ド・クリエ

CAFÉ de CRIÉ

ヨーロッパのカフェ文化に
日本文化を融合させ、
季節やトレンド、
健康を考えた
メニューを提供する

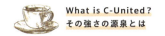

THE SMOKIST COFFEE……。ピンチをチャンスに変えた新ブランドも！

C-Unitedへの統合後、新たに誕生した店舗もあります。それは、「珈琲館 蔵」と「THE SMOKIST COFFEE」という2つのカフェブランドです。

このうち珈琲館 蔵は、ロードサイドや観光地を中心に展開している店舗で、「蔵」をイメージした和の趣を感じさせる外観が特徴です。

珈琲館のコンセプトである「一杯のコーヒーに心をこめて。」の思いはそのままに、日本庭園を眺めながらコーヒータイムを楽しめるなど、よりくつろいでいただける空間をご提供することを目指しています。

２０２５年2月現在の出店数は、埼玉、千葉で5店舗です。

そして、「心地よい一服、一杯、一息を。」をコンセプトに掲げ、２０２０年11月に誕生した新しいカフェブランドがTHE SMOKIST COFFEEです。

喫煙者の方を対象に、煙草《たばこ》を吸いながらコーヒーやフードメニューが楽しめる喫煙目的店として誕生しました。

実はTHE SMOKIST COFFEE誕生のきっかけは、新型コロナウイルス感染症（COVID-19）の影響です。

２０２０年当時はコロナ禍による客数減少で都心のカフェ・ベローチェが大きな打撃を受け、このままでは閉店せざるを得ない状況に陥っていました。

しかし、私たちC-Unitedが目指しているのは〝街の財産〟となるお店づくりです。

簡単に閉めるわけにはいきません。

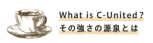

どうにかして続ける方法はないかと考え続ける中、改めて街のニーズを見直したところ、東京・新橋や神田など喫煙ニーズが非常に高いエリアがあったのです。

喫煙率はこの10年間でずいぶん下がりましたが、それでも男性が24・８％、女性が６・２％、全体では14・８％の人たちが習慣的に喫煙しています。健康によくないとはいえ、喫煙者が一定数いるという現実があるのも事実です。

加えて、近年は煙草を吸える場所が少なくなり、ビル内の喫煙室や屋外の喫煙所に行列している人たちを見かけます。

そうした様子を見るたびに、本来ならば心のゆとりにつながるはずの〝一服できる場所〟が中毒性を助長するような場になっているのではないかという疑問を感じていました。

その一方で、非喫煙者にとっては、路上喫煙はもちろん、喫煙所の煙や臭いも迷惑なものです。

こうしたことから、私たちC-Unitedが専門店をつくるならば、喫煙者が本当の意味での一服を楽しめるような場所であるとともに、非喫煙者の受動喫煙削減に役立つ場所にしたいと思いました。

まずは新橋、神田、東新宿のカフェ・ベローチェをTHE SMOKIST COFFEEに転換。大風量換気システムを完備することで、煙草を吸う人も吸わない人も、そして働く人にとっても心地よい環境を整備しました。

「クレーム殺到」を覚悟していたら、予想外の大好評に！

正直に言えば、THE SMOKIST COFFEEを開店する際は、消費者団体や地域の方々、煙草を吸わない人たちから相当なクレームがくるだろうと覚悟していました。

ところが、実際に開店してみるとまったく逆だったのです。

本社の問い合わせ窓口に「こうしたお店をつくっていただけたので路上喫煙がなくなってうれしいです」といったメールが届くなど、煙草を吸わない方たちからも賛同をいただきました。

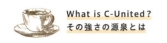

また、売上も順調に伸び、大赤字だった店舗は1年ほどで黒字転換し、2年目以降はその黒字がさらに増えています。

THE SMOKIST COFFEEを立ち上げたことで、地域にも喜ばれ、企業としても利益が向上し、まさにWin-Winの状況を創出できたわけです。

こうしたことから翌2021年には、やはり喫煙ニーズが極めて高く、歩き煙草なども問題となっていた仙台市の中心街と東京・新宿御苑にあるカフェ・ベローチェを改装し、「THE SMOKIST COFFEEとしてオープンしました。
開店当初は予想もしていませんでしたが、今は行政や地域の方々から感謝の言葉もいただけるようになりました。

ただ、全国のカフェ・ベローチェをすべてTHE SMOKIST COFFEEに転換するといった考えはまったくありません。
なぜならば、私たちがTHE SMOKIST COFFEEを展開する最大の目的は、「最新設備を整えることで喫煙者同士の受動喫煙の量を減らしながら、煙草とコーヒーでほっと一息つける場所を提供すること」、そして「非喫煙者の受動喫煙の機会を減らすこと」の2つだからです。

THE SMOKIST COFFEEという生まれたばかりのカフェブランドをいかにブラッシュアップしていくか——。これからも追求していきます。

THE SMOKIST COFFEE

「心地よい一服、一杯、一息を。」がコンセプト。
非喫煙者の
受動喫煙削減に
役立つ場所に……

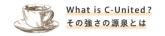

個性が光る〝マルチ・ブランド戦略〟で、しなやかな進化を続けていく！

前述の通り、私たちC-Unitedが展開する店舗は2025年2月現在、全国で約560店舗ですが、2027年には700店舗を達成し、2030年には1000店舗を突破するという目標を掲げています。

その大きな武器となるのが、これまでご紹介した多様なカフェブランドです。特にカフェ・ベローチェ、珈琲館、カフェ・ド・クリエという、個性が光る3つの主力ブランドを持っていることは私たちの最大の強みといえます。

例えば、常時11種類ものコーヒー豆を使い、一杯ずつ丁寧に淹れてご提供するフルサービス型の珈琲館は、お客様が珈琲館のコーヒーや珈琲館の店舗自体をお好きでわざわざ足を運んでくださるお店です。

カフェ・ベローチェやカフェ・ド・クリエに比べお客様の数は少ないですが、

その代わり客単価が高いという特徴があります。お客様の年齢層については、どちらかといえば中高年の方が多いでしょうか。

珈琲館ではお食事の調理や配膳・片付けなども行うため、既存店はテーブル数が少ない小規模な店舗が多くなっています。

その対極にあるのが、スピーディーな商品提供と気持ちのよいサービスが最大の特長のセルフサービス型のカフェ・ベローチェです。

カフェ・ベローチェは、商談へ向かう途中、次の約束までの合間など、どこかに行く途中や何かの合間に気軽に立ち寄れるお店。3つの主力ブランドの中でお客様数が最も多く、客単価は最も低くなっています。

お客様の年齢層も3ブランドの中で一番幅広く、高校生からお子様連れのご家族、ご高齢者までご利用いただいています。

カフェ・ベローチェはセルフサービス型でフードも簡易調理でご提供できるため、比較的少人数で大型店舗を運営することも可能です。

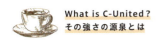

そして、珈琲館とカフェ・ベローチェの中間に位置するのがカフェ・ド・クリエです。

前述のように、カフェ・ド・クリエではお客様の毎日の健康を考え、〝からだハピネス®〟をテーマにしたメニューを展開しており、健康への意識が高い女性のお客様が非常に多くなっています。

カフェ・ベローチェと同じくセルフサービス型ですが、フードメニューが多いこともあり、カフェ・ベローチェと同様の大型店舗をつくるとなると相当の人員が必要となるため、中小規模の店舗がほとんどを占めます。

マルチ・ブランド戦略でロケーションに適した出店を

では、なぜこの3つのブランドがあることが店舗展開における強みとなるのでしょう?

そのキーワードが「マルチ・ブランド戦略」です。

マルチ・ブランド戦略とは、一つの企業のもとで複数のブランドを展開する戦略です。

わかりやすい例としては、ファッション業界ではファーストリテイリングがユニクロやGU、Theoryなど多様なブランドを展開していたり、自動車業界ではトヨタ自動車がTOYOTAとLEXUSという2つのブランドを並立して展開していたりといったことがあげられます。

私たちC-Unitedの強みも、カフェ業界においてこのマルチ・ブランド戦略を展開できることにあります。

例えば、後ろに住宅街が控えており、しかしそれほど人通りが多くないロケーションであれば、住宅街で暮らす方たちをメインターゲットとし、こだわりのコーヒーを楽しめる憩いの場として珈琲館を出店するのが最適でしょう。

一方、人の往来が多いビジネス街では3つのブランドすべてが成り立ちますが、土日・祝日、年末年始は人がいなくなるため、平日に大きく売上を伸ばせる大型店でなければいけません。そうすると、一番大型店舗に向いているカフェ・ベローチェがベストの選択となります。

また、女性のお客様が多く来店されるところ、病院内など健康に配慮するお客様が多い場所であれば、〝からだハピネス®〟をテーマとしたメニューを展開しているカフェ・ド・クリエが力を発揮します。

今お話しした3つのカフェブランドの特徴をマーケティング的に整理するとこんなふうになります。

私たち人間の欲求は、「緊急重要」と「不要不急」に分けられます。例えば、カフェ・ベローチェは「早く食べたい」「安価に食べたい」「立ち寄りやすい」など緊急な欲求を満たすために来店するお客様が多く、逆に珈琲館は「おいしいコーヒーが飲みたい」「ゆっくりくつろぎたい」など不要不急な欲求を充足するために来店する方が圧倒的です。

こうした特徴から、私は「カフェ・ベローチェは緊急重要7／不要不急3」、珈琲館は真逆で「緊急重要3／不要不急7」、そしてカフェ・ド・クリエはその中間で「緊急重要4／不要不急6」と整理しており、それに基づいたロケーション選定や商品開発を行っています。

だからこそ、C-Unitedは強いのです。

カフェ・ベローチェ、珈琲館、カフェ・ド・クリエ——。

私たちC-Unitedはこの3つのカフェブランドを主軸としたマルチ・ブランド戦略を武器に、これからもしなやかな進化を続けていきます。

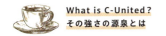

Chapter 01

Chapter 02

C-Unitedが
大切にしているもの

日本各地で長く愛され、〝街の財産〟となるカフェづくりへの挑戦

前章ではC-Unitedの強さの源泉をご紹介しましたが、ここからは私たちが大切にしているものについてお話ししたいと思います。

私たちC-Unitedが最も大切にしているのは経営理念であり、経営理念とは会社の在り方そのものです。

正確には「経営理念」があり、その下に「経営ポリシー」があり、さらにその下に「経営目的」があり、それらに基づいた「基本戦略」を策定しています。

経営理念と経営ポリシーは「はじめに」でも軽く触れましたが、私が心から大切にしており、社員にも繰り返し話していることなので改めてご紹介したいと思います。

次からの2ページにまとめましたので、ご確認ください。

■経営理念

珈琲文化の創造と発展を通して人を幸せにすること（“人”という言葉には、お客様、お取引先様、そしてすべてのスタッフとステークホルダーが含まれます。）

■経営ポリシー

一杯のコーヒーに心をこめて。
心地よい日常を文化にする

■経営目的

1. お客様に珈琲文化の素晴らしさを実感していただける店舗を、継続的に運営すること
2. 当社グループに所属するすべての人に、飲食事業で働く楽しさと喜びを感じてもらえる会社となること
3. FC オーナーと本部との信頼関係を築き、常にWin-Winの関係を継続すること
4. 上記1～3を通して、当社のブランドを確立すること
5. ステークホルダーとのコミュニケーションを大切にし、経営目標を達成すること
6. 適正な利益を創出し、国と地域に貢献する会社であり続けること

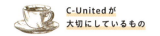

■基本戦略

1. コーヒーのスペシャリスト集団として、オリジナリティー豊かで高品質なドリンクメニューの開発と導入
2. 珈琲文化の醸成に最も適したフード＆スイーツメニューの開発と導入
3. 珈琲文化の素晴らしさをお客様に具体的に認識していただける店舗環境構築と接客応対
4. 普遍的なグランドメニューと、トレンドを取り入れたメニューとのバランスの最適化
5. チェーンとしてのブランディングと、個別店舗ニーズへの対応とのバランスの最適化
6. 地域ドミナント化を重視した出店戦略の実行
7. 将来にわたり珈琲文化を維持・発展していける人材の育成

私たちC-Unitedは、最も重要と考える「珈琲文化の創造と発展を通して人を幸せにすること」という経営理念を実現するために、日本各地でお客様に長く愛され、〝街の財産〟となるお店づくりにチャレンジし続けます。

一方で、経営理念や経営ポリシーの完遂を目指すあまり、社員に無理を強いる会社もありますが、私たちはそうであってはならないと考えています。

つまり、会社の成長と個人の成長が同じベクトルでなければならないということです。そして、会社とそこで働くすべての個人が同じベクトルで成長できたとき、会社は真の意味で発展できると私は考えています。

つくりたいのは文化。だから、打ち上げ花火は上げない

奇抜な盛り付けや奇をてらった演出で大行列ができていたのに、次に行ったときにはもう閉店していたなんて経験はないでしょうか？

近年はこんなふうにサッと出店して大きく儲けてすぐ閉める、そんな打ち上げ花火のような商売をする飲食店も多くみられます。

私たちC-Unitedには、そんな流行をつくり出すような店舗はできません。

なぜなら、私たちがつくりたいのは一時のブームではなく、脈々と続く文化だからです。カフェチェーンとして日本各地に〝街の財産〟となるカフェをつくることで、日本の珈琲文化の底上げ、ひいては日本の食文化の底上げを図っていきたいと考えています。そのためには、継続性が最も重要です。

だから、新規出店の際には、継続性が十分に担保できる物件を選びます。

また、メニューは本部の商品開発部でカフェ・ベローチェ、珈琲館、カフェ・ド・クリエそれぞれの担当が分かれて開発し、最終的には私がすべて試食してOKを出しています。ベーシックなグランドメニューと季節を重視した期間限定メニューを用意していますが、担当者全員が奇をてらうことなく、かつおいしくて飽きのこないメニューを追求してくれています。

私たちが目指すのは、行列ができるお店でもなければ、予約がとれないお店でもありません。お客様が何度も繰り返し来てくださるお店であり、お客様一人ひとりのライフスタイルに寄り添ったお店です。

そして、そういうお店を日本各地につくることこそが、カフェチェーンであるC-Unitedの使命であると思うのです。

C-Unitedは、誰かを笑顔にするのが好きな人の集まりでありたい……

「マクドナルドはハンバーガービジネスではない。ハンバーガーを売っている〝ピープルビジネス〟だ」――。

これは、米国マクドナルド創業者のレイ・クロックが残した言葉です。

私はこの言葉に深く共感しますし、C-Unitedはコーヒービジネスであり、〝ピープルビジネス〟でもあると考えています。

なぜなら、特に私たち飲食業の場合、お客様に最終的に商品を提供する人によって、その店舗の印象はまったく変わるからです。

想像してみてください。

売店で「コーラをください」と言ったら、店員が「150円ね」と言ってコーラをポーンと放り投げてよこした。あなたはどう思うでしょう?

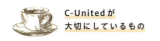

「なんだ、このコーラは！」と思うでしょうか？

そうは思いませんよね。

「なんだ、あの人は！」ときっと思うでしょう。


飲食店で「コーヒーをください」と言ったら、店員が「150円ね」とコーヒーをバンッとテーブルに置いて立ち去った。

あなたはどう思いますか？


こう思うのではないでしょうか？

「なんだ、この店は！」と――。


つまり、物販の場合は、商品を提供する人がたとえピープルスキルが低くても商品自体の価値や評価に傷はつきません。

右記の例で言えば、売店の店員がお客様にコーラを放り投げて渡しても、コーラ自体の価値や評価は下がらないということです。

一方、飲食業の場合は、商品を提供する人のピープルスキルが低いことが商品やお店の価値や評価に直結します。同じく例で言えば、飲食店の店員がお客様にコーヒーをぞんざいに提供したら、コーヒーのみならず、そのお店の価値や評価が一気に下がるということです。

お客様においしいコーヒーや料理をお出しし、心地よい雰囲気の中でくつろいでいただく――。

そのために、一番重要なのは言うまでもなく〝人〟です。

C-Unitedのカフェで働くことが心から楽しいと思える会社へ

例えば、カフェ・ベローチェのお客様は忙しいビジネスパーソンが多いため、迅速に商品をご提供することが最大限のおもてなしの一つとなります。

逆に、珈琲館のお客様はおいしいコーヒーや料理を楽しみながら、ゆったりとした時間を過ごしたい方が多いため、商品を早く提供するというよりもより丁寧できめ細かな対応が求められます。

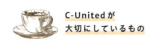

このようにそれぞれのカフェブランドの特色によって最大限のおもてなしの考え方は若干異なるかと思いますが、ブランドにかかわらずC-United全体として目指しているのは「C-Unitedは誰かを笑顔にするのが好きな人の集まりでありたい」ということです。

この思いは約900名の社員にはだいぶ浸透してきましたが、私たちがパートナーと呼んでいる約9000名のアルバイトやパートの皆さんにもしっかり届いているといえるようになるにはまだ時間が必要です。

そして、そのためにはC-Unitedの各カフェブランドで働くことがもっともっと楽しいと思ってもらえる会社にならなければいけないと思っています。

C-Unitedのカフェで働くことが心から楽しい。
C-Unitedのカフェで働くことはスタイリッシュだ。
C-Unitedのカフェで働くことは私の誇りだ。

社員はもちろん、すべてのパートナーがそんなふうに思ってくれたなら、お客様へのおもてなしはさらに上質なものとなるでしょう。そして、私たちはC-Unitedをそう思ってもらえる会社に必ずしていきます。

社内で共有する『チームワークとスピード』これを重視し、最善の道へ

C-Unitedには、リーダーは必要ですが、ボスはいらないと私は考えています。なぜならば、自分の意のままに周囲を動かそうとするのがボスであり、人の意見を聞き最善の決断をするのがリーダーであり、C-Unitedに不可欠なのはリーダーであると確信するからです。

C-Unitedでは、『チームワークとスピード』を持って物事を前に進めていくことを最重視しています。

私は、「こうやれと言ったら、この通りにやりなさい」とは決して言いません。みんなが意見を出し合い、最終的になぜそのような決断になったかを見える化しなければ、チームワークなどできないからです。

ですから、会議では意思決定のプロセスがわかるように議論することを大切にしています。

一方で、チームワークを重視するあまり人に気を遣ってばかりいては、物事を前に進めることはできません。

もちろん議論すべきことは時間をかけて徹底的に議論しますが、何事にも期限を決めてスピード感を持ってやっていくことを最重要事項としています。

リーダーとして最善の決断をするために必要な2つの情報とは？

リーダーとして最善の決断をし、スピード感を持って物事を前に進めていくために私が心がけているのが、いかに多くの情報を収集するかということです。そして収集する情報としては、大きく2つあります。

一つは、ＡＩ（人工知能）をはじめとした先進技術や市場動向、食にまつわるトレンドなどの最新情報。

もう一つは現場、つまり店舗の状況です。

例えば、最新情報からヒントを得て店舗に新たなマーケティング施策を導入しようと考えても、店舗の様子がわからなければ現場の状況と乖離《かいり》した施策となってしまうかもしれません。

こうしたことがないように、ビジネスに関する最新情報と店舗の状況、この2つの情報をバランスよく収集することを心がけています。

そのため、私は毎日のようにどこかの店舗に立ち寄ります。

一般のお客様のようにコーヒーを飲みに行くので、ふと横を見たら社長がいるということで嫌がられていますが……(笑)。

頻繁に行く店やたまにしか行かない店などさまざまですが、頻繁に行く店でもその時々によって違いがあるので非常に勉強になります。

リーダーとして最善の決断をし、スピード感を持って物事を前に進めていく。そのためには、ビジネスに関する最新情報と店舗の状況、この2つを常にしっかりと押さえていることが最重要なのです。

障がいがおありの方々にも、“働く喜び”を感じられる環境を提供

前述の通り、私たちC-Unitedではさまざまなバックグラウンドを持つ方々に飲食業で働く楽しさや喜びを感じていただけるよう、DE&I（ダイバーシティ・エクイティ&インクルージョン）を推進しています。

2024年3月からは、障がいがおありのスタッフが珈琲の焙煎・梱包などを行う焙煎所を本社1階に開設し、珈琲の焙煎を一部内製化することで新しい雇用を創出しました。

私たちは障がいがおありのスタッフをCUクルーと呼んでおり、現在は8名のCUクルーがこの焙煎所で働いてくれています。

そして同年6月より、この焙煎所で焙煎した珈琲豆を「珈琲館 銀座ブレンド」として、珈琲館の2店舗（銀座インズ店、銀座中央通り二丁目店）で販売開始しました。

焙煎所を開設するにあたっては、単に就業機会を増やすのではなく、CUクルーのやりがいを高め、働きやすい環境を整備することを重視しました。

こうした考えから、焙煎所には有資格者であるJOBコーチが常駐し、安心して働くことができる労働環境を整えています。

また、会社全体で障がいがおありの方への理解向上にも取り組んでいます。

こう言うと、社会貢献活動の一環としてやっているのだろうと感じる方もいらっしゃるかもしれませんが、そうではありません。

私たちは、障がいがおありの方々にC-Unitedが行っているコーヒービジネスの輪に入り、その中で一緒に働くことで、私たちの経営理念である珈琲文化の創造と発展を通して人を幸せにすることに協力していただきたいと本気で思っています。できる範囲で貢献いただき、それにやりがいを感じてもらえれば、それ以上の幸せはありません。

そのため、CUクルーに飲食業で働く楽しさや喜びを感じてもらいながら、このプロジェクトをビジネスとしても成立・持続させていきたいと考えています。CUクルーたちもビジネスとして成立させたいと考えているようで、とても前向きに一生懸命働いてくれています。

実際、内部障害のある男性のCUクルーは、障がい者雇用枠では事務系の募集が多い中、C-Unitedの焙煎所では専門家から技術を学べるうえ、お客様の顔が想像できる面にも引かれ、応募してくれたそうです。そして、「事業に貢献している実感を持ちながら仕事ができる」と言ってくれています。

また、私たちは2025年3月11日、「京の台所」とも称される京都・錦市場に95坪の大型店を出店しました。その店内にも焙煎所を設置し、そこでもCUクルーに活躍していただいています。

文化をつくる会社として、障がい者雇用の面でも進化を目指す

ご存じの方も多いと思いますが、国は企業に雇用する労働者の2・5％に相当する障がい者を雇用することを義務づけています（2025年3月現在）。

そして、労働者が100名を超える企業がこの2・5％を下回った場合は、

不足している人数につき月額5万円の納付金を支払うよう定めています。さらに、労働者とは1ヵ月の労働時間が80時間以上の従業員を指します。

2025年2月現在、C-Unitedには社員・パートナー合わせて約10000名の従業員がいますが、そのうち労働時間が1ヵ月80時間以上の従業員は約1500名。ここに2・5%を掛けると約38名なので、C-Unitedの場合は38名の障がいのある方々を採用するというのが国の定める基準ということです。

私たちは現在、国が定める基準をクリアしていますが、これはあくまで最低ラインであり、クリアしていればそれでよいということではありません。

特に私たちC-Unitedは文化をつくろうとしている会社です。

珈琲文化の創造と発展を通して人を幸せにしたいと思っている会社です。

その経営理念に恥じないためにも、障がいがおありの方々により多く働いていただけるよう、そして飲食業で働く楽しさや喜びを感じてもらえるよう、さらに会社を進化させていきたいと考えています。

ESGの取り組みを積極的に進め、地球環境に優しく、地域に尽くす

私たちC-United はまた、珈琲文化の創造と発展を通してたくさんの幸せにつなげられるよう、ESG（「Environment」「Social」「Governance」の頭文字をとった略語で、環境・社会・ガバナンスを考慮した経営・事業活動のこと）の取り組みも積極的に進めています。

さまざまな取り組みがありますが、そのうちのいくつかをご紹介したいと思います。

まずは地球環境に対する取り組みです。

珈琲業界では、コーヒー生産大国であるブラジルの栽培適地が、約60％減少してしまう恐れがあるという「コーヒーの2050年問題」が危惧されています。

そこにアタックする取り組みとして、珈琲館では、サステナブルな取り組み

を続ける農園で収穫したコーヒー豆を使った「季節限定コーヒー」をお客様にご提供することで、コーヒーを育む環境に貢献できるよう取り組んでいます。

そうした季節限定コーヒーの一つに「エチオピア モカ シャキッソ」があります。このコーヒーを栽培している農園は、もともと大規模な山火事によって焼失したエリアを復興する取り組みとしてスタートしたものです。コーヒーの栽培によって、森林の生態系を保護するとともに、シャキッソ村の住民の安定した雇用を生み出し、森と人の共存関係を実現しています。

また、カフェチェーンであるC-Unitedでは、コーヒーを抽出した後に残る豆カスが食品廃棄物の大きな割合を占めます。こうした状況を改善するため、２０１０年から店舗で分別した豆カスの一部を食品リサイクル工場で肥料として再資源化し活用する取り組みを実施。廃棄物として処理される豆カスの削減を進めています。

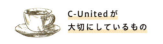

もちろん、フードロス削減の取り組みも推進しています。

前述のように、カフェ・ベローチェとカフェ・ド・クリエでは、サンドイッチは工場生産ではなく、店内で一つひとつ手づくりしています。

その利点を活かし、サンドイッチの作成数をコントロールするとともに、賞味期限が近いサンドイッチについては状況に応じ50円引きでご提供するエコ得シールを貼り、お客様とともにフードロスの削減につなげています。

近隣地域の方々が気持ちよく暮らせる街をつくるために

社会や地域に貢献する取り組みも積極的に進めています。

その一つが、「ワークショップ」と「職業体験」の開催です。

ワークショップでは、飲食業で働く楽しさや喜びを感じてもらえるよう、また、将来の夢や目標を描くことに少しでも貢献できるよう、「カフェ店員ってどんなお仕事?」をテーマに、ラテアートやブラックボードづくりなどに親子で一緒に取り組んでいただいています。

また、職業体験は一部店舗にて、2022年からスタート。店舗近隣の学校の生徒を迎え、店舗で数日間にわたって接客や商品づくりなどを体験いただき、将来の夢や目標を描くことに役立てられるように実施しています。

今後も街と人とのつながりを大切に、活動を続けていきたいと思います。

また、病院に出店しているカフェ・ド・クリエの一部店舗では、クリスマスシーズンになるとスタッフがサンタクロースやトナカイなどの衣装を身にまとい、入院している子どもたちを訪問して交流を図ったり、ささやかなプレゼントを届けたりしています。

そうした交流の中で子どもたちからもらううれしいメッセージは、店舗のスタッフの大きな活力となっています。


C-Unitedは〝街の財産〟となるお店づくりを目指しています。

そのため、ご来店いただいたお客様に心地よい時間をご提供するのはもちろんのこと、近隣地域の方々が気持ちよく暮らせる街づくりにも貢献したいと考えています。

そこで、日々の店舗での清掃活動時には、各地域の清掃プログラムへの参加も行っています。これからも地域の清掃活動を通し、近隣地域の方々と顔を合わせた温かな交流を大切に、心地よい街づくりを進めていきます。

Chapter 02

Chapter 03

万全の教育環境で
“人”は育ち、飛躍する

社員やパートナーが幸せに。それがお客様を笑顔にするチカラとなる

これまでお話ししたように、私たちC-Unitedが目指すのは「珈琲文化の創造と発展を通して人を幸せにすること」です。そのために欠かせないのは、C-Unitedという船に乗り込んでくれた社員やパートナーがC-Unitedで働く楽しさや喜び、誇りを持ち、今を幸せと感じていることになります。

そんなふうに社員やパートナーが今を幸せと感じることができれば、お客様にも幸せを届けたいと思う気持ちが高まっていきます。

社員やパートナーを幸せにすることで結果的にお客様にも幸せを感じていただく――。私たちはそんな好循環を生み出す会社を目指しています。

では、C-Unitedという船に乗り込んだら、どんな楽しさや喜びを感じることができるのでしょう。そのことをお話しするために、私自身のことを少しご紹介したいと思います。

私は1963年に東京都文京区千駄木で生まれました。父は銀座や虎ノ門で鮨屋《すし》やクラブなどを営んでおり、母が鮨屋の女将をしていたので、私も小学校に上がるぐらいからおしぼりを出したりして店の手伝いをしていました。

新橋演舞場や歌舞伎座にもよく出前に行きましたね。小学生が「まいどー！」なんて言いながら出前を持ってくるもんですから、役者さんがとても喜んでくれて、100円とか300円のお小遣いをポチ袋に入れて待っていてくれました。楽しかったですね。

しかしその後、父が経営していた会社が倒産し、両親は離婚。母と2人暮らしになり、食べるものさえ事欠くようになりました。

そんな私に転機が訪れたのは高校3年生のとき、アルバイトをしていた焼肉店の店長から書籍『レストランマネジメント』（J・W・ストークス著、力石寛夫監修、プラザ出版）をもらったことでした。効果的なマネジメントや組織構成、メニューのプランニング、店舗のデザインとレイアウト、販売活動、広報活動まで、全16章、600ページを超える本を無我夢中で読みました。

そして、「日本の飲食業が経験と勘に頼ったどんぶり勘定でやっている時代

に、米国では飲食業をこれほど理論的に科学しているのか」と衝撃を受け、飲食業界で生きていこうと思ったのです。18歳のときでした。

世界最高水準の人材育成システムを持つハンバーガー大学で

20歳のとき、夜間大学に通いながら銀行から融資を受け、新宿2丁目にレストランをオープンしました。私の手づくりハンバーグが人気となり、ランチは行列ができるほど繁盛したのですが、夜はさっぱりです。

それでも2年ほど続け大学4年生のときに閉店を決めますが、そのときには銀行からの借入金が2000万円に膨れ上がっていました。以来、毎月12万8000円、37歳まで15年間かけて完済しました。

レストラン経営を断念した私は就職を決意し、就職先として選んだのが日本マクドナルドです。借金を抱える身としては飲食業で当時最も給与が高かったのも魅力でしたが、入社を決めた最大の理由は飲食業を理論的に科学している会社だと感じたことでした。

実際その通りで、スタッフが行うことを調理ではなく作業レベルまで落とし込む、タイマーなどですべての作業をきっちり時間管理して行うなど、システマチックなオペレーションが構築されていて非常に面白いと思いました。

借金を返すためにも必死で働き、当時10年ほどかかるといわれていた店長に3年で昇格し、30歳でスーパーバイザー（SV）になりました。そして、34歳のときに米国に赴任し、その2年後にマクドナルドインターナショナル本社トレーニング、ラーニング&デベロップメント部門へ異動。世界最高水準の人材育成システムを持つともいわれる「Hamburger University（ハンバーガー大学）」で、約2年にわたって教鞭《きょうべん》をとり、人材育成システムの開発に携わりました。

ハンバーガー大学とは、マクドナルドの人材育成とそのシステム開発を一手に担う専門教育機関です。1961年に米国マクドナルド本社内に設立され、現在では世界9ヵ国（米国、日本、イギリス、ドイツ、オーストラリア、ブラジル、中国、マレーシア、南アフリカ）に展開されています。

約2年間のハンバーガー大学勤務終了後には、米国マクドナルド本社よりハンバーガー大学名誉教授の称号を授与されました。日本人でハンバーガー大学の名誉教授と認定されているのはおそらく私一人ではないかと思います。

そして、詳しくは後述しますが、このときの経験と知見はすべてC-Unitedの人材育成システムに活かされています。

帰国後は日本マクドナルド本社に戻りましたが、米国本社が資本参加していたイギリス発祥のサンドイッチチェーン「Pret a Manger（プレタ・マンジェ）」を日本でも展開することになり、その社長に任命されました。38歳のときです。

私はマクドナルドが大好きだったのでプレタ・マンジェに移るのは本意ではありませんでしたが、考え抜いた末にマクドナルドのためならばと転籍を決意。マクドナルドを退社し、プレタ・マンジェの社長に就任したのです。

しかし、米国マクドナルドが不調となり、わずか1年半で撤退することになります。腹を決めて転籍までしたのにという思い、また日本マクドナルドからプレタ・マンジェに出向した約60名の社員がリストラにより会社に戻れないということもあり、私もマクドナルドグループを離れることにしました。そのときのメンバーの中には、C-Unitedで今も一緒に働いている仲間もいます。

その後、モスフードサービスのグループ会社であるモスダイニングの会長などを経て、２０１８年に投資会社からのオファーを受け珈琲館ブランドの再建のため新たに珈琲館株式会社を設立し、社長に就任。そして、２０２１年に珈琲館株式会社と旧・株式会社シャノアールが統合し、C-Unitedとして新たなスタートを切ったわけです。

20代で「ヒト」「モノ」「カネ」「情報」をマネジメントする

このように私は飲食業界一筋に歩んできたわけですが、C-Unitedをはじめとする飲食業で働く一番の楽しみや喜びは、やはりお客様の笑顔や満足に触れられることだと思います。

世の中には多種多様な仕事がありますが、商品を提供し「ありがとう。おいしかったよ」とお客様から直接言ってもらえるのは飲食業ぐらいでしょう。お客様との距離が近く、お客様の笑顔や満足が、そのまま自分の幸せになる――。それが飲食業の最大の魅力だと思います。

また、企業では20代のうちは課やグループに所属し、上司から指示された業務を行うのが一般的だと思いますが、C-Unitedでは20代で店長に昇格し、店舗という一つのユニットのマネジメントをすることになります。

つまり、20代でリーダーとして「ヒト」「モノ」「カネ」「情報」をマネジメントし、店舗の売上やスタッフの成長といった成果を出すことにチャレンジできるわけです。これはC-Unitedのような飲食業のチェーン店でなければ決してできない経験でしょう。

私自身の経験から言っても、店舗のマネジメントを早い段階からできるのは非常にやりがいがありましたし、自分の力を大きく伸ばすチャンスにもなりました。そうした経験は飲食業はもちろん、ほかの業界に移ったときにも強力な武器になるでしょう。

そして、こうした成長こそがC-Unitedという船に乗り込んで得られる最大の楽しさや喜びだと私は考えています。

一方、労働時間が長い、立ちっぱなしの作業が多いなどから、飲食業はつらい職業の一つともいわれます。

こうした認識をくつがえし、すべてのスタッフに飲食業は楽しいと思える体験をしてほしいという思いから、C-Unitedではさまざまな施策を行っています。例えば、長時間労働抑制に向けた取り組みとしては、勤務終了時刻から次の勤務開始時刻までに一定の休息時間を確保する「勤務間インターバル制度」を導入しているほか、1日あたりの労働時間に配慮しています。

同時に、スタッフ一人ひとりの暮らしがより豊かなものになるよう、一人ひとりの働きやすさを考えた制度や福利厚生の充実化を図っています。例えば、2022年4月より年間休日を拡充したほか、本人もしくは配偶者・お子様の誕生月いずれかで年に1回取得できるバースデイ休暇、記念日などで取得できるアニバーサリー休暇の特別休暇制度を導入しています。

C-Unitedという船に乗り込んでくれた社員やパートナーに楽しさや喜び、誇り、幸せを感じてもらうために、私たちはこれからも努力を続けます。

珈琲大学を立ち上げ、C-United人材育成システムを始動する！

私たちは、次のような方にC-Unitedという船に一緒に乗り込み、珈琲文化の創造という航海に漕ぎ出していただきたいと考えています。

❶経営理念に共感してくださる方
❷周りの人を笑顔にさせるのが好きな方
❸自分から率先して発信できる方
❹コーヒーが好きな方

ここでの1番が「コーヒーが好きな方」でないのを意外に思われる方も多いかと思いますが、C-Unitedには「実はコーヒーが苦手」という社員もいます。社長である私に対しても遠慮なくそう口にできるのは、当社らしさの一つでしょう。ですから、コーヒー好きであることはもちろん好ましいことではありますが、C-Unitedで働くうえでマストの条件ではありません。

1番目は、経営理念に共感していただけるかどうかになります。前述の通り、経営理念とは会社の在り方そのものです。そこに共感することができて初めて自分自身の在り方も定まり、最高のパフォーマンスが発揮できるでしょう。

2番目は人を喜ばせることが好きなこと。C-Unitedは誰かを笑顔にするのが好きな人の集まりでありたいと考えていますし、お客様にご満足いただける質の高い接客は人を喜ばせたいというホスピタリティマインドによってつくられるものだと思います。

そして、3番目は既存の枠組みにとらわれずに新しい発想を発信できることです。コーヒー好きは4番目となります。

こうした資質をお持ちの方であれば、私は心から歓迎します。

新卒採用の場合、募集職種は店長候補となります。また、中途採用については店長候補や時間帯責任者候補のほか、商品開発部、マーケティング部、総務

部、人事部、経理部などの専門職の募集を適宜行っています。興味がある方は、C-Unitedのホームページの採用情報をご覧ください。

ぜひ一緒にC-Unitedという船に乗り込んで、新しい航海を楽しんでいただきたいと思います。

他企業に移ったときにも通用するスキルを身につけてほしい

現在C-Unitedという船に乗り込んでくれている社員やパートナー、そしてこれから乗り込もうと思ってくれる方たちに伝えたいことがあります。

私は、C-Unitedという船に乗り込んでくれた社員やパートナーが、ずっとこの船に乗ってくれたらうれしいと思っています。

しかし、だからといって人材を囲い込んだりする気はまったくありません。いつC-Unitedという船を降りてくれてもかまいません。

ただ、船を降りるときは「この船に乗っていた時間は、自分にとってよい時間だった、成長できた時間だった」と思えるような時間の使い方をしてほしいですし、そう思ってもらえる会社でありたいと考えています。

C-Unitedを中退するのではなく、きちんと卒業して次のステージに羽ばたいていってほしいのです。C-Unitedで何かをしっかりつかんで卒業していくのなら、私たちはいつでも温かく送り出します。

私自身、マクドナルドグループに19年ほどお世話になり、その間に身につけたさまざまな知見や経験があるからこそ今の私があります。

C-Unitedも、そんな機関になれたらいいなと思っています。

つまり、C-Unitedに在職している間に、同業他社あるいは他業界の企業に移ったときにも通用するスキルを身につけることができる、言ってみれば〝日本飲食業株式会社〟のような会社でありたいのです。

そのため、私たちは2022年10月、人材育成とそのシステム開発に取り組む専門教育機関として、私を学長とする「珈琲大学」を設立。最新の教育理論および手法を用いた人材育成システムを本格的に始動しました。

珈琲大学の全体像を82 - 83ページに掲載しましたので、併せてご覧いただければと思います。

米国マクドナルドにも見劣りしない人材育成システムを構築

珈琲大学本科は、店舗運営を担う営業部門スタッフと本社スタッフの2つのコースに分かれています。新卒採用は全員店長候補なので、新卒入社の方は営業部門のコースを学びます。

それぞれのコースで人材育成システムが構築されていますが、どちらもC-Unitedの経営理念の共有やマネジメントスキル、トレーニングスキル、ビジネスコミュニケーションなど、ビジネスの第一線で活躍するためのスキルをしっかりと身につけていきます。

本科には珈琲文化の創造を目指すC-Unitedならではの教育制度として、「コーヒーコンシェルジュ」という社内資格を取得できる育成プログラムも設けています。

このプログラムでは、各ブランドのコーヒーを飲み比べたりペアリングをしたりといった集合研修とセルフスタディにより、コーヒーの知識とスキルを高めていきます。

珈琲大学本科の上には、統括マネージャーや部長を育成する珈琲大学院大学も設置しています。ここでは外部の教育コンテンツも導入しながら、マネジメントやリーダーシップなどによりプロフェッショナルなスキルを習得していきます。

珈琲大学の人材育成システムは、HR本部の本部長が主体となって構築し、学長である私が監修者として磨きをかけて完成させたものです。その開発期間は、2018年から2022年まで約4年間におよびます。

また、HR本部の本部長は日本マクドナルドのトレーニングインストラクターを務めた経験があり、私は前述のようにハンバーガー大学で約2年にわたって教鞭をとり、かつ人材育成システムの開発にも携わってきました。

つまり、世界最高水準といわれるハンバーガー大学の人材育成システムに加え、これまで私が飲食業界で培ってきたさまざまな経験と知見をすべて注ぎ込んで開発したのがC-Unitedの人材育成システムということです。

私たちC-Unitedの人材育成システムは、国内の同業他社や他業種の中小企業の人材育成システムに比べると極めて先進的であり、さらに米国マクドナルドの人材育成システムにも見劣りしないレベルのものだと自負しています。

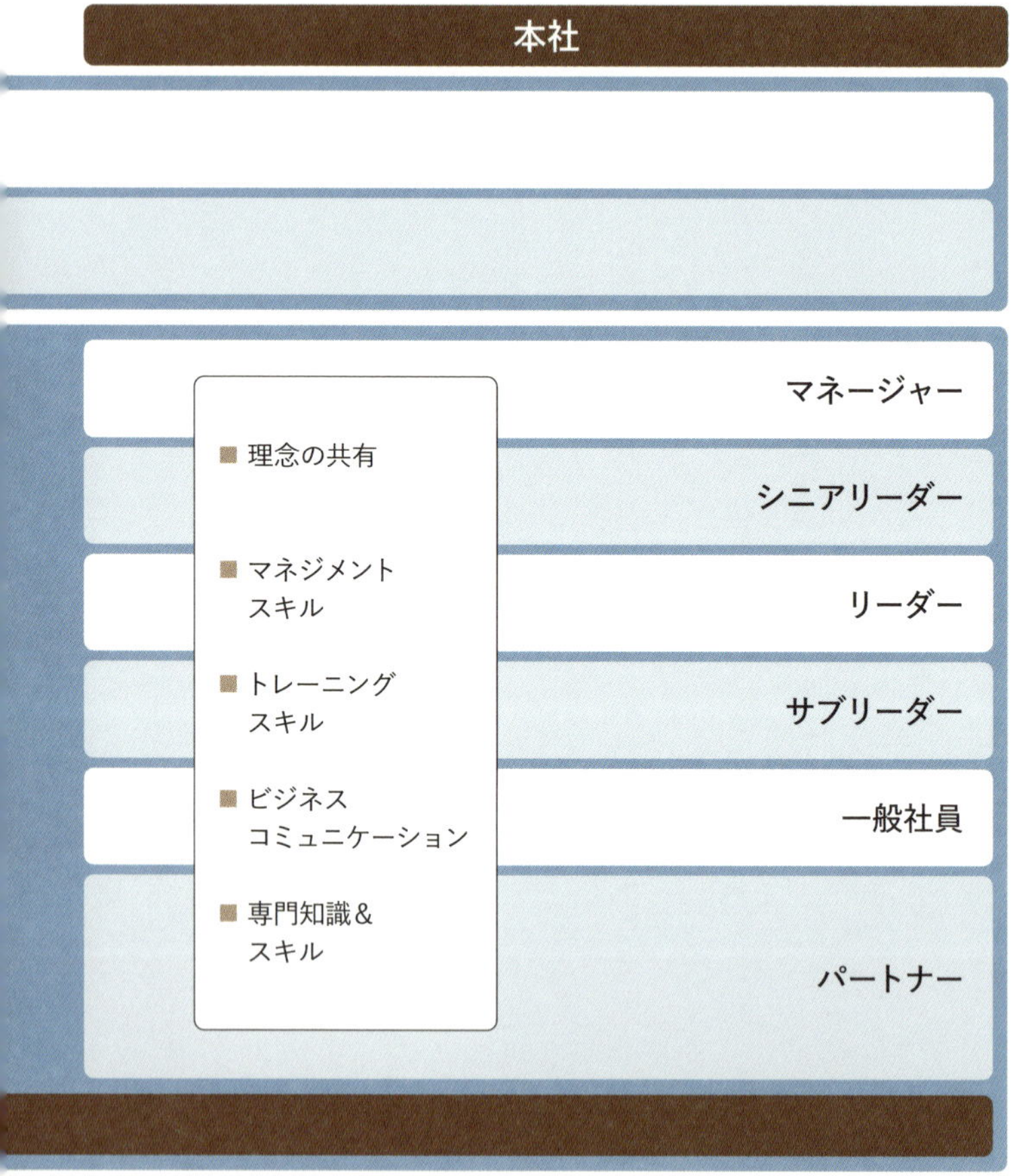
本社
マネージャー
シニアリーダー
リーダー
サブリーダー
一般社員
パートナー
■ 理念の共有
■ マネジメントスキル
■ トレーニングスキル
■ ビジネスコミュニケーション
■ 専門知識&スキル

「珈琲大学」 C-United人材育成システム

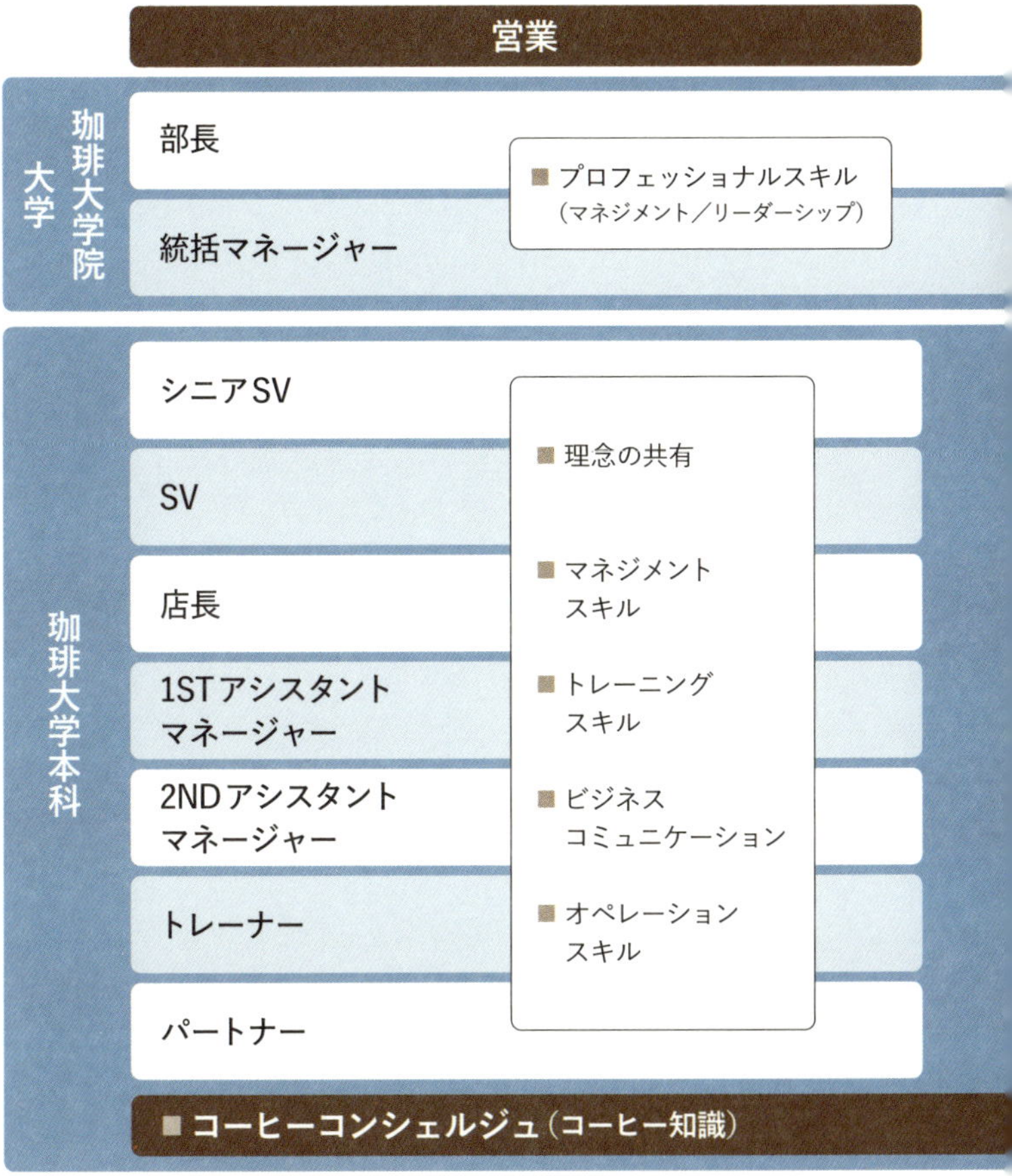
営業
珈琲大学院
大学
部長
統括マネージャー
■ プロフェッショナルスキル
（マネジメント／リーダーシップ）
珈琲大学本科
シニアSV
SV
店長
1STアシスタント
マネージャー
2NDアシスタント
マネージャー
トレーナー
パートナー
■ 理念の共有
■ マネジメント
スキル
■ トレーニング
スキル
■ ビジネス
コミュニケーション
■ オペレーション
スキル
■ コーヒーコンシェルジュ（コーヒー知識）

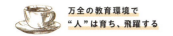

すべてのスタッフに最先端の学習環境を提供し、成長を支援する

さらに、C-Unitedの人材育成システムには「システマチック・ラーニング・プロセス」という考え方を組み込んでいます。

皆さんは、人が成長するための3要素をご存じでしょうか?

3要素とは、「トレーニング（教わる）」「ラーニング（学ぶ）」「セルフデベロップメント（自己啓発）」で、成長への影響度はそれぞれ20%、70%、10%といいます。これは、米国の人事コンサルタント会社ロミンガー社の創業者マイケル・M・ロンバルドとロバート・W・アイチンガーが1996年に提唱したもので、「ロミンガーの法則」といわれています。

つまり、人が成長するためには、実践とフィードバック、そして学習というサイクルを繰り返すことが重要だということです。

C-Unitedの人材育成システムはこうした考え方を取り入れ、「トレーニング」「ラーニング」「実践」という3つの繰り返しによる「システマチック・ラーニン

グ・プロセス」を構築しています。

例えば、新卒社員の人材育成システムでいうと、「店舗における店長やＳＶの指導のもとでの日々のトレーニング」「自己啓発や本社研修などによるラーニング」「ラーニングで得た知識の実践と、それに対する店長やＳＶからのフィードバック」の３つを繰り返し行うことで成長を促していくということです。

このシステマチック・ラーニング・プロセス、特に自己啓発によるラーニングを促進するため、ＤＸ（デジタル・トランスフォーメーション）を推進し、最新ＩＴシステムも導入。社員・パートナー、すべてのスタッフに各人のキャリアに合わせた育成プログラムのテキストを配布するとともに、いつどこからでもオンライン学習ができるようC-Unitedの人材育成システムにアクセスできる個人アカウントも付与しています。

スタッフは育成プログラムのテキストを学習するほか、自分のアカウントで人材育成システムにログインし、オンラインのトレーニングキットも活用して学んでいきます。

また、人材育成システムにログインすると自身が見るべき動画が表示される

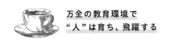

ようになっており、それらも視聴しながら業務やキャリアに必要な知識を蓄えていきます。現在用意している動画は、商品のつくり方やオペレーションの仕方、新商品のコンセプトやPRポイントなど、1分から2分弱のものが500種類ほどはあるのではないでしょうか。

一方、SVは担当するエリアの店舗のスタッフがどのオンライントレーニングキットを利用したかとか、見るべき動画をきちんと視聴したかなどについてを遠隔地からでもパソコンで把握できるようになっています。

この仕組みがあることで、例えば明日から発売となる新商品のつくり方など、業務で必要になる動画を視聴していないスタッフがいたら、その店舗の店長に「Aさんが新商品に関する動画をまだ視聴していないので、見るように言ってくださいね」といった指摘やアドバイスができるわけです。

このように、C-Unitedの人材育成システムはその考え方や内容のみならず、学習環境としてもまさに最先端といってよいでしょう。

キャリアロングラーニングで、トレーナーからSVへ着実に成長

では、私たちC-Unitedが誇る人材育成システムの概要をご紹介したいと思います。

ここでは、店長候補として入社した新卒社員がアシスタントマネージャーを経て店長となり、さらにSVへと成長していくカリキュラムロードマップである「キャリアロングラーニング」についてお話しします。

近年、「ライフロングラーニング」という言葉が注目されています。これは「生涯学習」という意味で、変化が激しい社会で成長し続けるためには一生涯にわたって学びの姿勢や習慣を持つことが大切だという考え方です。

「キャリアロングラーニング」もこれに近い考え方で、長いキャリアの全期間において学びを継続することにより、社員一人ひとりが着実に成長できるよう

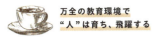

設計しています。

具体的には、トレーナー、アシスタントマネージャー、店長、ＳＶとキャリアステージが変わるごとに、そのキャリアに最も適した育成プログラムを導入することで、求められる知識やスキルの習得に加え、さらなるキャリアアップのサポートを実現しています。


では、新卒社員のキャリアロングラーニングについて見ていきましょう。92‐93ページに概念図を掲載しましたので、併せてご覧ください。

新卒入社した社員は「トレーナー」というキャリアステージからスタートし、まずはウェルカムプログラムに取り組みます。

このプログラムでは、店舗でのＯＪＴ（On the Job Training）と本社での定期的な研修ＯｆｆＪＴ（Off the job training）により社会人としての基礎、接客の基礎を身につけます。


同時に、店舗業務の基本であるオペレーションを習得していきます。オペレーションは、主にカウンター・ホール業務とキッチン業務の２つ。店長やマネージャーについて一つひとつしっかりと業務を学んでいきます。

基礎的な力がある程度ついてきたところで、トレーナー育成プログラムがスタートします。このプログラムでは、店舗内の全部門のオペレーションを習得するとともに、C-Unitedの経営理念や業態のポリシーを理解し、トレーナーとしてパートナーに教えられる実力を身につけていきます。

2nd Asst MGRの段階から店長育成プログラムがスタート

トレーナーとして1年ほど経験を積んだら、次のキャリアステージ「2nd Asst MGR（セカンドアシスタントマネージャー）」に昇進します。

マネージャーになると、店長の補佐役や時間帯責任者としてチームマネジメントをしながら店舗運営を行います。

同時に、新卒社員やパートナーなどのスタッフ教育もマネージャーの大きな仕事の一つ。育成プログラムに沿って、基本的にはマンツーマンでトレーニングを担当します。

また、マネージャーは次期店長候補でもあります。そのため、このキャリアステージから店長育成プログラム1が始まります。

具体的には、店長の指導を受けながら実際の店舗運営で成果を出せるよう、店長育成プログラムに沿ったストアマネジメントの手法を学ぶのです。

2nd Asst MGRを半年から1年ほど経験したら、次のキャリアステージ「1st Asst MGR（ファーストアシスタントマネージャー）」へ歩を進め、ここから店長育成プログラム2が始まります。

このプログラムでは、次期店長候補として店舗運営に必要な仕組みを体系的に学び、実際の店舗運営における課題を抽出し、リーダーシップを発揮しながら継続的な改善を図っていきます。

経営者として大きな裁量を持ちながら、理想のカフェを目指す

1st Asst MGRという立場で1年から2年ほど店舗運営を学んだら、いよいよ店長に昇格です。

あくまで目安ですが、新卒入社から3年から4年ほど、20代で店長までキャリアアップすることができます。

店長になったら、ユニットのリーダーとして、また店舗の経営者として「ヒト」「モノ」「カネ」「情報」をマネジメントし、店舗の売上やスタッフの成長といった成果を出すことにチャレンジします。

店長のやりがいは、なんといっても与えられた裁量の大きさです。

スタッフの採用から教育、運営までを担い、経営者として自分の理想とするカフェづくりに挑戦できる醍醐味《だいごみ》は大きな魅力ですし、そうした経験を20代で積むことはその後の人生の貴重な財産となるでしょう。

～ C-United カリキュラムロードマップ ～

目安:1-2年
1st ASST MGR
店舗運営に必要な仕組みを体系的に学び、システムマネジメントをおこなって店舗運営を継続的に改善していく。
店長
地域社会に貢献しながら、ビジネスマネジメントをおこない、街の財産となるお店となるべく継続した店舗成長を実現する。
SV（直営）
担当エリアの店舗運営をコンサルティングし、店長の育成、QSCの改善を通して店舗の収益最大化を図るためのマネジメントをおこなう。
SV（FC）
ビジネスパートナーしてFCオーナーと信頼関係を築き、店舗のコンサルティングをおこなってFCビジネスの継続的成長をサポートする。
店長育成プログラム2
店長育成プログラム3
直営SV育成プログラム
FCSV育成プログラム
GⅡ
GⅠ
ロードマップ

キャリアロングラーニング

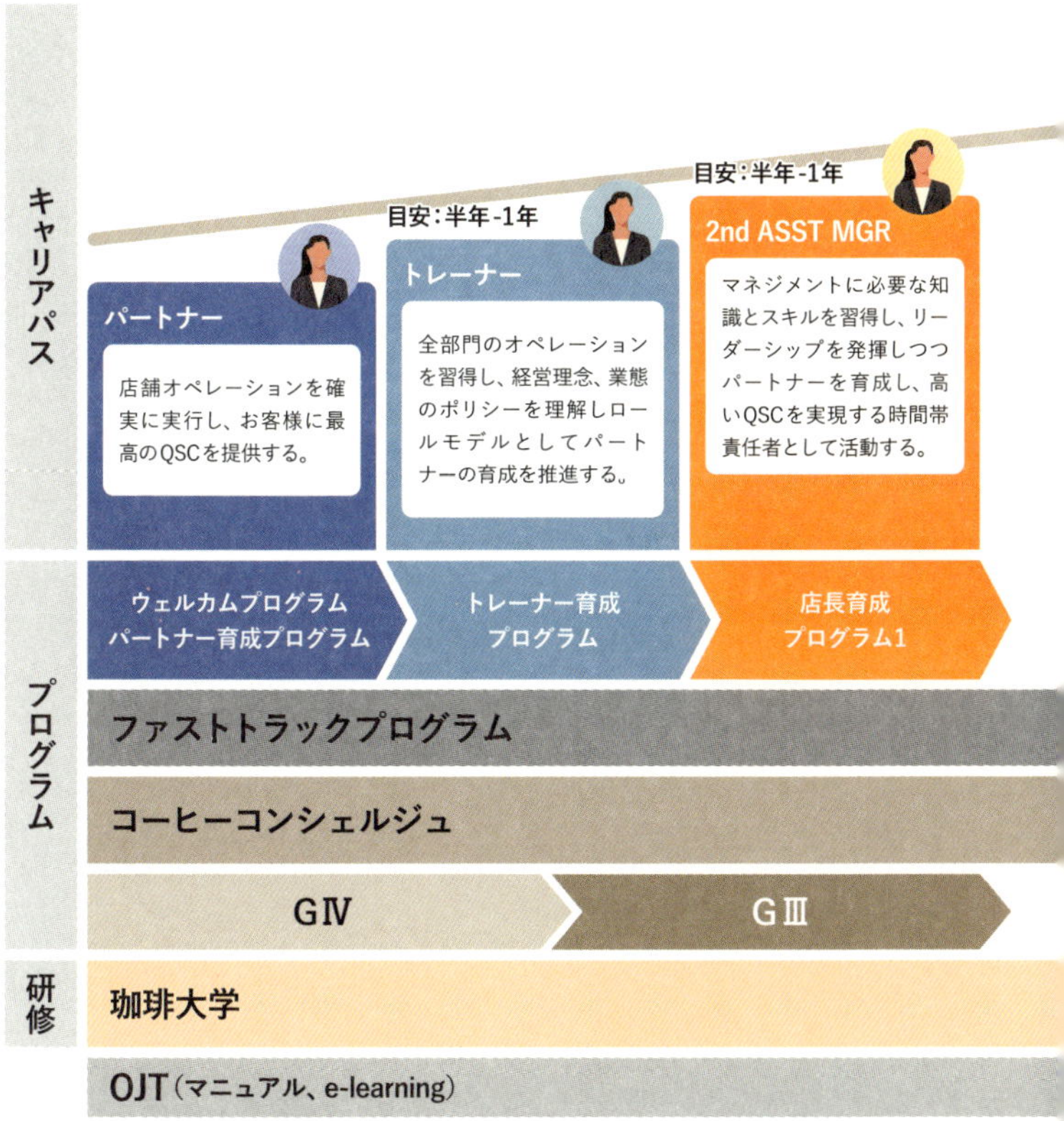
キャリアパス
プログラム
研修
目安:半年-1年
目安:半年-1年
パートナー
店舗オペレーションを確実に実行し、お客様に最高のQSCを提供する。
トレーナー
全部門のオペレーションを習得し、経営理念、業態のポリシーを理解しロールモデルとしてパートナーの育成を推進する。
2nd ASST MGR
マネジメントに必要な知識とスキルを習得し、リーダーシップを発揮しつつパートナーを育成し、高いQSCを実現する時間帯責任者として活動する。
ウェルカムプログラム
パートナー育成プログラム
トレーナー育成
プログラム
店長育成
プログラム1
ファストトラックプログラム
コーヒーコンシェルジュ
GⅣ
GⅢ
珈琲大学
OJT(マニュアル、e-learning)

従業員の成長のために必要な育成プログラムを適切な時期に導入し、
従業員の成長を確実にC-Unitedビジネスの成長につなげるための

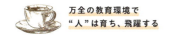

C-Unitedには意欲さえあればどこまでも成長できる環境がある

店長経験後、さらなるキャリアアップを目指したい場合は担当エリアの5店舗から10店舗程度のマネジメントを行うSVになる選択肢があります。

SVには、C-Unitedの直営店を担当するSVとフランチャイズ店を担当するSVの2種があり、まずは直営店の担当として経験とスキルを積み、その知見をもとにより難度の高いフランチャイズ店を担当します。

さらにSVの上には、担当エリアの5名ほどのSVを束ね、40店舗から50店舗のマネジメントを行う統括マネージャーという職位があります。

このSVと統括マネージャーへの昇格に関して、私たちC-Unitedでは年功序列などではなく、やる気がある人にぜひやってほしいという思いから「スキルマッチ」という制度を設けています。

例えば、SVのポジションが一つ空くとなった場合、店長の中からSVになりたい人を募ります。名乗りを上げた店長たちは本社に集まり、マネジメント力やプレゼンテーション能力、店舗の経営分析力など、さまざまな分野で数日間にわたって競い合います。

その結果と日ごろの勤務評価を合わせ順位が決まり、優勝者がSVに昇格する——これがスキルマッチです。統括マネージャーへの昇進も同様に実施しています。

つまり、日ごろの勤務評価がよく、かつスキルマッチで勝てば、店長になって日が浅い社員でもSVに昇格できるということです。

実際、カフェ・ベローチェの統括マネージャーをしている、ある女性社員は、SVに就任してから1年数ヵ月で統括マネージャーにまで駆け上がりました。若くして統括マネージャーになったので経験は浅いですが大活躍しています。

もちろんSV、統括マネージャー、それぞれに育成プログラムを用意していますので、若くても意欲さえあればどこまでも成長することができます。

一方、店長職を続け、店舗運営のスペシャリストになるのも一つの道です。

さらに、本社のトレーニング部や商品開発部、マーケティング部などの部署にキャリアチェンジし、新たな挑戦を始めるのも一つの選択肢でしょう。

C-Unitedでは、不定期で行われる社内公募制度や、年2回の面談や自己申告制度で自分の希望のキャリアを発信することができるので、多彩なキャリアの中から自分自身に合った選択肢を見つけることができるでしょう。

どの業界でも通用する高度なピープルマネジメント力を、その手に

前述のように、C-Unitedはコーヒービジネスであり、〝ピープルビジネス〟でもあると考えています。そのため、C-Unitedの人材育成システムでは、トレーナーから店長まで2年から3年ほどの年月をかけ、ピープルマネジメントを徹底的に学んでいきます。

ピープルマネジメントとは、スタッフ一人ひとりと向き合い、個々の可能性を引き出すことで、チームとして最大の成果を目指すマネジメント手法です。もっと簡単に言えば、相互理解のもとに人を動かす手法でしょう。

C-Unitedの人材育成システムで学ぶピープルマネジメントのすべてをここでご紹介することはできませんので、ピープルマネジメントを行ううえで最も大切なことをお話ししたいと思います。

それは、ピープルマネジメントの〝究極のゴール〟は何かということです。

〝究極のゴール〟は「信頼関係の構築」です。

なんだ、そんな簡単な答えかと思った方も多いでしょう。

でも、どのような要素があれば信頼関係が成り立つのか、因数分解して考えたことがある人は少ないのでないでしょうか？

尊重（Respect）＋実績（Credibility）＝信頼（Trustworthy）

これが「信頼の方程式」です。

例えば、リーダーとメンバーが互いを尊重し合っていたとしても、リーダーの指針に基づいて行動し失敗したのでは信頼関係は生まれません。

逆に、リーダーの指針通りに動いて成功を収めたとしても、メンバーの話に耳を貸さないようなリーダーではやはり信頼関係は生まれないでしょう。

つまり、リーダーとメンバーが互いを尊重し合い、それによって実績が上がったとき、初めて信頼関係が構築できるということです。

そして、C-Unitedの人材育成システムには「信頼の方程式」に基づいて信頼関係を構築するためのプログラムがぎっしりと組み込まれており、意欲的に学べば高度なピープルマネジメント力を身につけることができます。

その力は、C-Unitedの船に乗っているときのみならず、C-Unitedの船を降りてどんな業界に移ったとしても通用する強力な武器となることでしょう。

すべてのスタッフにとって、家族に誇れる会社であるために

米国の人間工学をもとにした考え方に「パフォーマンス向上のための8つの要素」というものがあります。

これはC-Unitedの人材育成システムでもピープルマネジメントの一環として教えていることであり、またC-Unitedという会社を運営するうえでも大切にしている考え方です。

次ページの図のように、人やチームのパフォーマンスに影響を与える要素は8つ。上から「知識とスキル」「個人的資質」「仕事への姿勢」「仕事をする状況（個人および職場）」「インセンティブ」「仕事における到達基準（ゴール）の明確化」「仕事ぶりの測定方法」「フィードバック」です。

このうち、トレーニングによって変えることができる個人的な要素は「知識とスキル」「仕事への姿勢」の2つだけです。

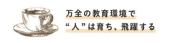

パフォーマンス向上のための8つの要素

S & K
知識とスキル

Capacity
個人的資質

Attitude
仕事への姿勢

Conditions
仕事をする状況（個人および職業）

Incentive
インセンティブ

Standards
仕事における到達基準（ゴール）の明確化

Measurment
仕事ぶりの測定方法

Feedback
フィードバック

上記のうちトレーニングによって向上させられるのは

1. S & K
2. Attitude

だけであり、他の項目は上位職の者が正しく設定すべき項目

「個人的資質」は変えようがありませんが、その社員を採用した時点で資質はあると判断したわけですから、問題ないと考えて差し支えないでしょう。

一方、そのほかの5つ、「仕事をする状況（個人および職場）」「インセンティブ」「仕事における到達基準（ゴール）の明確化」「仕事ぶりの測定方法」「フィードバック」は社員個人ではなく、会社が整えなければならない要素です。

つまり、社員のパフォーマンスを左右するのは、個人の要素よりも、会社側の要素のほうが多いということです。

しかし、社員のパフォーマンスが上がらない場合、日本の会社の多くは会社側が整えるべき要素を放置し、「これだけ教えているのになぜできないんだ」などと社員個人を責めがちです。

私たちはそうした慣習を打ち破りたいと考えています。

そして、8つの要素を総合的に整えていくことで、個人とチーム、ひいてはC-United全体のパフォーマンス向上を図っていきます。

緻密で公平性に優れた制度と丁寧な議論で、しっかり評価

パフォーマンス向上のための8つの要素を総合的に高めていく――。人材育成システムもそのための施策の一つですが、私たちは個人やチームのパフォーマンスに直結する「パフォーマンス評価」も重要視しています。

そのため、「パフォーマンス評価」の根本となる評価制度については、時間をかけて入念に設計し、さらに改訂を繰り返して完成形へと磨き上げてきました。能力と実績のどちらも重視するとともに、緻密で公平性に優れた評価制度となっています。

その評価制度に基づいて半期に一度、本社で評価会議を行いますが、私たちはそこに膨大な時間と熱量をかけています。

例えば、店長を対象とした評価会議には全SVが集結し、朝から晩まで2日間ほどかけて一人ひとりの店長の評価を行っています。

まさに侃々諤々《けんけんがくがく》です。一人ひとりの店長を公平に評価するために、店長にこれからもがんばろうと思ってもらうために、そして個人やチームのパフォーマンス向上を図るために、全SVが時間をかけて納得いくまで議論し、結論を導

き出していきます。

このように、C-Unitedでは最先端の人材育成システムに加え、緻密で公平性に優れた評価制度を導入しています。

自身を大きく成長させたい方は、どうぞ安心してC-Unitedの船に乗り込んでいただければと思います。

「ファミリーデー」で大切な家族にがんばっている姿を見てもらう

また、C-Unitedでは年に一度、本社に社員とそのご家族をお招きし、「ファミリーデー」というイベントを開催しています。

私が米国マクドナルド本社に勤務していたとき、クリスマスになると社員とその家族が本社に招かれ、子どもたちがCEOからクリスマスプレゼントをもらったり、お菓子やジュースをご馳走《ちそう》になったりというイベントがあり、私も家族も毎年楽しみにしていました。

C-Unitedでもそういうイベントを開催することで、自分のパートナーや子どもたちにがんばっている姿を見てもらったり、自分が働いている会社のことを知ってもらったりできれば……。そんな思いから2022年にスタートしたのが「ファミリーデー」です。

午前と午後の2回開催していて、応募してくれた社員とご家族が本社に来て、毎回ちょっとしたテーマを設けて職業体験をしてもらったり、カフェのメニューやお菓子を食べながらおしゃべりしたりと楽しい時間を過ごしています。

2024年のテーマは「大変だ！　スタッフの元気がない……。緊急ミッション‼　みんなで〝エネルギーカフェ〟を開店せよ！」でした。

C-Unitedのスタッフを元気づけるために、子どもたちがカフェをオープンして料理を提供するといったイベント内容です。

子どもたちはホットドッグ、プリン、ホットケーキ、パフェの4つのグループに分かれて本社1階のセミナールーム内に仮のカフェをオープンし、C-Unitedのスタッフに教わりながら料理をつくっていきます。そして、そこに本社勤務のスタッフたちがここだけで使えるお金を持ってやってきます。

料理づくりや接客、料理の提供、お金のやりとりなどで子どもたちは大忙しですが、どの子もみんな楽しそうです。

その様子を見守るお父さん・お母さん、そして子どもたちのカフェを訪れたスタッフたちもみな笑顔で本当に楽しいイベントになりました。

そのときの写真を次ページに掲載しましたので、ぜひご覧ください。


世間では「ライフワークバランス」と言いますが、私はあの言葉は間違っていると思っています。なぜならば、バランスをとるべきは「ワーク」と「プライベート」であり、「ライフ」、つまり私たち一人ひとりの「人生」はそれらを含むもっと大きなものだからです。

「ワーク」も「プライベート」も「ライフ」の一環。だからこそ、「ワーク」も充実していてやりがいや楽しさがなければなりません。ご家族にも誇れる「ワーク」でなければなりません。


C-Unitedで働くすべてのスタッフにとって、やりがいがあり家族に誇れる「ワーク」であるために、私たちC-Unitedはこれからも努力を続けます。

FAMILY DAY

2024年「ファミリーデー」

今回のテーマは、
「大変だ！　スタッフの元気がない……。
緊急ミッション!!　みんなで〝エネルギーカフェ〟を開店せよ！」でした。

chapter 03

2024

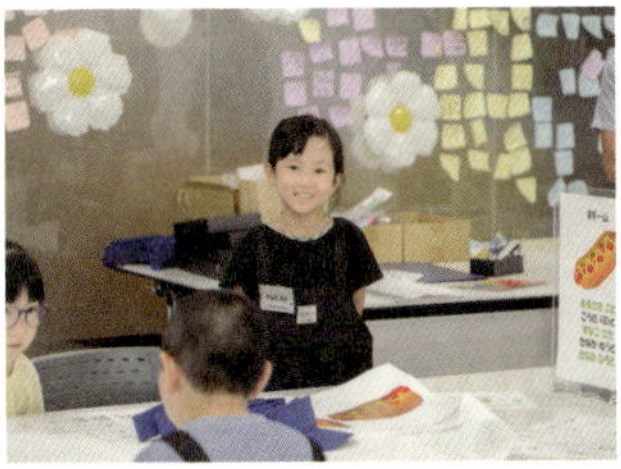

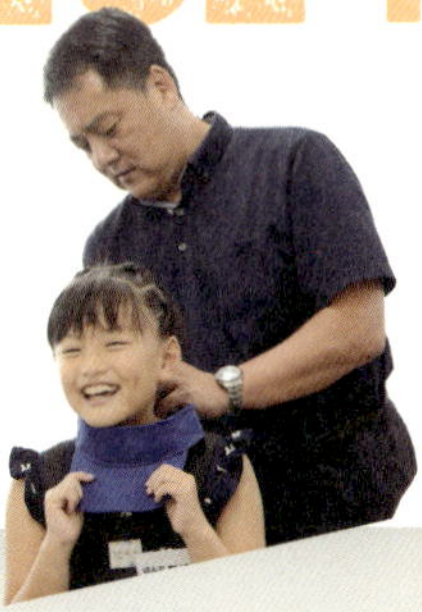

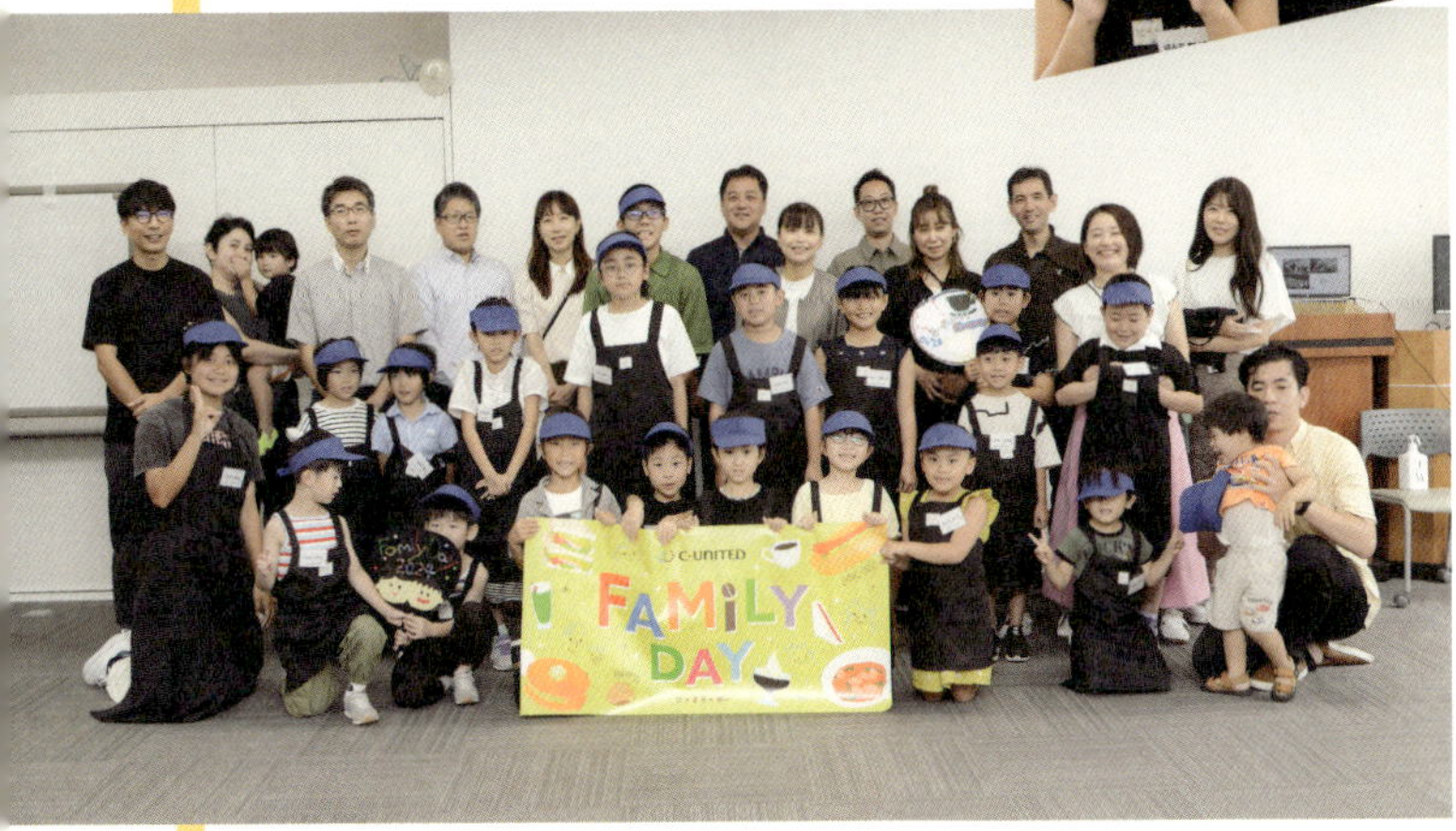

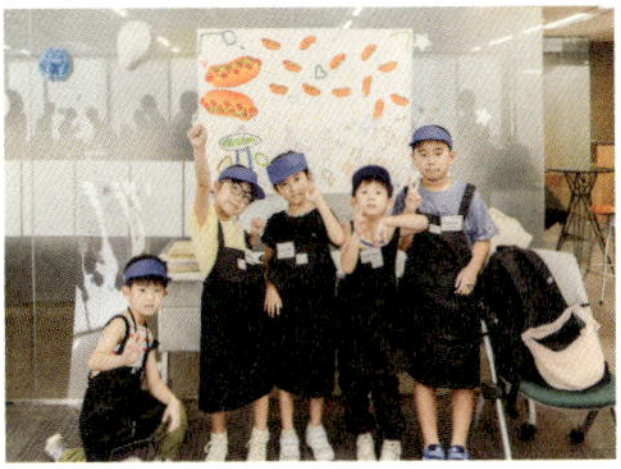

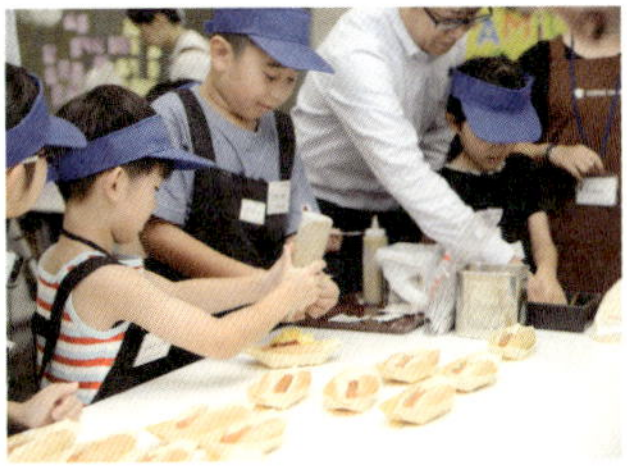

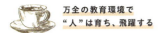

特別座談会

DISCUSSION

C-Unitedならば、自分も人も幸せにできる！

ここで、C-Unitedで活躍する社員の声を聞いてみましょう。

メンバーそれぞれには、私に忖度《そんたく》しないで、思っていることを自由に語ってほしいと話をしてあります。

そんな、本音爆発の社員座談会の模様をお伝えしましょう。

座談会参加者

・児玉もも
（営業本部 カフェ・ベローチェ事業部 4地区 統括マネージャー）

・屋比久美希
（ＨＲ本部 トレーニング部 フィールドトレーニング室 シニアリーダー）

・小林淳子（営業本部 珈琲館事業部 東日本事業部 ＳＶ）

・本宿勇志（商品本部 商品開発部 シニアリーダー）

・金子遥南
（営業本部 カフェ・ド・クリエ東日本事業部 深川ギャザリア店 店長）

すべてのことは経営理念につながっている

児玉　カフェ・ベローチェ事業部の統括マネージャーをしています。

皆さん、まずはC-Unitedの経営理念をどう思っているか、部署や店舗にどのぐらい浸透しているかについて、ざっくばらんにお話しいただけますか。

屋比久　ポッカクリエイトに中途入社し、カフェ・ド・クリエの店長を経て、現在はトレーニング部に所属しています。

トレーニング部は、研修などを通して店舗で働いている皆様に経営理念を発信していくべき部署です。私が悲しい顔で研修をしていたら、受講してくださる皆様も悲しい気持ちになるでしょう。だからこそ、まずは私自身が経営理念を体現し、それを店舗の皆様

児玉もも
営業本部 カフェ・ベローチェ事業部
4地区 統括マネージャー

に伝えていきたいと思っています。

本宿　中途採用でシャノアールに入社し、商品開発部に所属して主にカフェ・ベローチェのフード開発をしています。

C-Unitedの強みは、シャノアールや珈琲館、ポッカクリエイトが統合してできた会社であったり、私のような中途採用の人間がいたり、いろいろな人材が集まっているところだと思います。経営理念のもと、そうしたさまざまな人の考えがうまく噛《か》み合ってシナジーが生まれればよりよい会社に成長していくと考えています。

小林　珈琲館のSVとして、直営8店舗とフランチャイズ店を担当しています。

私たちはカフェチェーンなのでコーヒーに心を込めるのは当然ですが、「一杯のコーヒーに心をこめて」という言葉にはもっと深い意味があると思います。海外の農園でコーヒー豆を収穫し、それを日本に運び、焙煎をするなど多くの過程を経て、お店で抽出しようやく一杯のコーヒーになる。たかが一杯のコーヒーだけど、バックグラウンドにはいろんな人の思いがある。SVとして、そのことを店長はじめ店舗の皆様に伝えていきたいですね。

金子　新卒で入社して4年目、現在はカフェ・ド・クリエの店長をしています。店長として、経営理念を浸透させるためにスタッフに伝えていることがあります。それは、お客様においしいコーヒーを届けることはもちろん、お客様に対するホスピタリティを大切にすること。

例えば、レジに杖をついているお客様がいらっしゃったらお席までお運びするなど、ホスピタリティのある対応が一緒になって初めてお客様に幸せを届けられると思っています。

金子遥南
営業本部 カフェ・ド・クリエ東日本事業部
深川ギャザリア店 店長

児玉　ご存じのように、ベローチェはイタリア語で「迅速に」という意味です。

小林淳子

営業本部 珈琲館事業部
東日本事業部 SV

その名の通り、お客様が自由に時間を使えるよう、いかに早く提供するかを大切にしていて、それがカフェ・ベローチェの強みであり誇りでもあると思っています。現場でもみんなスピーディーな行動を意識しているので、経営理念の一部が浸透してきているなと感じます。

小林　すべてのことは経営理念につながっているんですよね。お客様の幸せのためになっているのかなど、何か迷うことがあったら経営理念を振り返るとおのずと見えてくる――、皆さんのお話を聞いてそう思いました。

3つのカフェブランド、そして部署のカラーは？

児玉　業態や部署によってカラーや雰囲気が違うと思いますが、皆さんはご自身の店舗や部署の雰囲気についてどう感じていますか。

金子　カフェ・ド・クリエは明るくて元気な方が多いと思います。あとは、「こんなお店にしたい！」という意思の強い方が多い気がしますね。

児玉　確かに、そういうイメージがありますよね。明るくて元気で、カフェ・ド・クリエが大好きな方が集まっている。

本宿勇志
商品本部 商品開発部
シニアリーダー

小林　そうそう、「クリエ愛」が深い（笑）。

屋比久　はい、深いです（笑）。

児玉　カフェ・ベローチェは、マニュアルやルールを厳密に守る真面目な方が多いですね。その反面、これまでは

屋比久美希
HR本部 トレーニング部
フィールドトレーニング室 シニアリーダー

少し消極的な部分があったかもしれません。

でも、C-Unitedになりフードメニューが豊富になったら、接客だけではなく商品にも興味が向いてきて、どうやったら写真通りにきれいなものができ上がるのかなど主体的に行動する機運が高まってきたと感じます。

小林　逆に、珈琲館は「何とかなる」とマンパワーで乗り越えてきたところがあるので、ルールに沿って行動するのが苦手な人が多いかもしれません（笑）。

今は統一の育成プログラムに基づいてトレーニングを行っているので、以前よりはだいぶマンパワーでなくなってきたと思いますが、私のように昔から珈琲館にいる人は「何とかなる」精神が根底にありますね（笑）。

児玉　現場ではマンパワーで乗り切るところが絶対にありますよね。例えば、物が壊れても何かで代用してちゃんと商品をご提供したり……、そのときの現場の底力はすごいですよね。

屋比久　わかります（笑）。

本宿　商品開発部は、私も含め変わった人というか、個性的な人が多いと思います。例えば、サンドイッチの新商品を開発しようとなった場合でも、その人の色が出て面白いな〜と感じます。

私自身は何事もよい方向で考えないとよい商品もできないと思っているので、基本的にはポジティブ思考であることを心がけています。

屋比久　商品開発部の方たちは「職人」というイメージです。

本宿　そんな堅苦しくないですよ（笑）。部署のカラーか。難しい質問ですね。

児玉　個性の集まりですもんね。

屋比久　じゃあ、レインボーということですね（笑）。

本宿　それ、もらっていいですか？　レインボー部署（笑）。

児玉　トレーニング室はポジティブでキラキラしているイメージがあります。

屋比久　ありがとうございます。でも、キラキラできるように、そして限られた研修時間の中で店舗の皆様に理解いただけるように、部内では「ああでもない、こうでもない」と日々バトルをしているんですよ。とっても素敵なバトルですけど（笑）。

同じ会社だけど、互いに高め合うライバルでありたい

児玉　カフェ・ベローチェ、珈琲館、カフェ・ド・クリエの3つのカフェブランドが統合して今年で3年目ですが、変化はありましたか？

金子　新卒で入社したときはポッカクリエイトで、2年目にC-Unitedに変わったのですが、そのときは「クリエはベローチェになっちゃうの？」という不安がありました。カフェ・ド・クリエのよさが残るのかなって。

でも、いざ統合したら、カフェ・ド・クリエのよさはしっかり残りつつ、お店で手づくりしたサンドイッチのご提供が始まったり、店舗のリニューアルが進んだり、新しい人材育成システムがスタートしたりと、すごくよい方向に向かっていると感じます。

児玉　最初、不安でしたよね。

本宿　私は過去に在籍していた会社が倒産してしまった経験があるので、シャノアール時代に統合の話を聞いたときは「また倒産するのか？」と思いましたもん（笑）。でも、統合してどんどんよい方向に向かっていますよね。

小林　カフェ・ベローチェと統合したとき、3名のSVが珈琲館に異動してきたのですが、さきほどのお話通り文化も考え方も違っていて最初は衝撃でした。

それでカフェ・ド・クリエと統合したら、クリエはクリエでまた全然違っていてびっくり（笑）。でも、新しい風がどんどん入ってきてよかったと思いますし、こうして会社が大きくなっていくのもうれしいですね。

児玉　「3本の矢」——、1本では折れるけれど3本ならば簡単には折れないという自信にもつながりますよね。

私はカフェ・ベローチェに足りないところはカフェ・ド・クリエや珈琲館からもらいたいと思っていて、1日店長交代をやってみるのも面白いかなと思っています。C-Unitedなら自由にやっていいよと言ってくれますしね。

屋比久さんは統合していかがですか？

屋比久　統合当時は、旧カフェ・ド・クリエ出身のトレーニング部は私一人だったので、従来のカフェ・ド・クリエの研修をしながら、新たにC-Unitedの育成プログラムも理解して研修をしなければいけなくてとても大変でしたね。

児玉　プレッシャーはなかったんですか？

屋比久　めちゃめちゃありましたよ、もう投げ出したいって思うぐらい（笑）。でも、私が投げ出したら、入社してきた人たちの成長まで止まってしまうと必死でした。

そんなふうに最初は大変でしたが、でも今は3つのカフェブランドが揃ってお互いによいところを知れるようになってよかったと思います。

例えば「カフェ・ベローチェはこういう新しいことをしているよ」とか、よくも悪くも比較するじゃないですか。そういうふうに切磋琢磨《せっさたくま》できる環境ができたのはとてもいいなと思います。

児玉　切磋琢磨っていいですよね。同じ会社だけど、互いに高め合うためにライバルとして競争したらすごく楽しいんじゃないかなと思います。

例えば、パスタやケーキなどテーマを決めて、3つのカフェブランドが同時期に新商品を発表して競い合う——、そんな対抗戦ができたら面白いですね。

そして、それは3つのカフェブランドが統合して誕生したC-Unitedだからこそできることだと思います。

C-Unitedは誰もが可能性を持って働ける会社

児玉　さきほどもお話ししましたが、3つのカフェブランドがあって互いに高め合えるところとか、社員の自主性を重んじて自由にやらせてくれるところとか、C-Unitedだからこそできることがたくさんあると思いますが、このC-Unitedでやりたいことはありますか?

小林　私は12年ほど専業主婦をした後に、アルバイトとして珈琲館に勤め始めました。6年ほどアルバイトをして社員になり、その後、店長を2年ぐらいやってSVになったんですね。C-Unitedはがんばっている人をちゃんと認めてくれるというか、誰もが可能性を持って働ける会社です。これもC-Unitedだからこそできることかなと思いますね。

児玉　先輩や上司が引っ張り上げてくれますよね。私はシャノアールに入社して地元・福岡のカフェ・ベローチェに配属となりましたが、最初は店長にはなりたくなかったんです、責任が重くて恐いなと思って。でも、ちょっとやっ

DISCUSSION

てみようかなとがんばり始めたら、上司から「店長だよ」と言われ、「ついにきちゃった」みたいな感じで店長になったんです（笑）。

でも、やってみたら楽しくてやりがいもあって、それでずっと店長を続けていたら、本社のほうから「SVをやらないか」と言っていただきました。福岡にいる私のこともちゃんと見ていてくれたのがとてもうれしかったですね。

それでSVをやっていたら、上司から「スキルマッチに出てみれば」と勧められ、去年スキルマッチに出て統括マネージャーになったんです。周りの人たちが引っ張ってくれたおかげでここまで来たと思います。

金子さん、カフェ・ド・クリエの新店の店長になりますがいかがですか？

金子　新店は、東京・木場にオープンするカフェ・ド・クリエ深川ギャザリア店です。オープンまであと1週間で、まさに準備の真っ最中です。

今入社4年目ですが、2年目ぐらいから一から自分のお店をつくってみたいという思いがあって、SVや統括マネージャーに言い続けていました。SVや統括マネージャーは新店をやるために私自身に必要なことについて丁寧にアドバイスをくれ、それをクリアできるようにがんばってきて、ようやく新店をやらせていただくことになりました。ものすごいプレッシャーですが、よいお店にしたいという強い思いがあります。

児玉　店舗ビジョンはあるんですか？

金子　「唯一無二の思いやりと笑顔を感じられる場所」です。カフェ・ド・クリエ深川ギャザリア店でしか感じられないホスピタリティや笑顔をスタッフさんと一緒につくれたらという思いがあって、それに向けて今研修に励んでいるところです。

児玉　がんばってくださいね。本宿さんはいかがですか？

本宿　私は営業職やコンビニエンスストアのお弁当開発などシャノアールに入る前に4回ほど転職していて、同じことをやり続けるよりも変化がある方が楽しいと思えます。ですから、商品開発においても未知の分野にチャレンジしていきたいと思っています。あとは、後輩たちが育ってくれたらうれしいですね。経営理念にもつながりますが、自分のやってきたことが、誰かの幸せにつながったらいいなと思いながら、さまざまなチャレンジをしていきたいと思います。

もう一つ、私は「仕事のために生きてはダメだ」と考えています。もちろん、仕事を一生懸命やるのは素晴らしいことですが、それで残業ばかりして、自分や大切な家族が不幸せになってしまったら意味がありません。

だから、後輩や同僚たちには「生きるために仕事をしよう」といつも言っていますし、自分もそういう生き方をしているつもりです。それぞれが自らの人生を楽しく生きるために仕事をした結果、みんなが幸せになれたらよいですね。

児玉　友成さんも言いますよね、「仕事をするために生きているんじゃなくて、人生を豊かに楽しくするために仕事があるんだ」って。

屋比久さんはいかがですか？

屋比久　カフェ・ベローチェ、珈琲館、カフェ・ド・クリエという3つのカフェブランドを合わせると全国で約560店舗の店舗があります。

そうすると、店舗のスタッフさんが引っ越しをしても移転先にある店舗でまた活躍してもらえたり、お客様が同じ地域にある3つのカフェブランドを回ってくださったり……。そういうお話を聞くと本当にうれしいですし、それが200店舗を持つカフェブランド3社が統合したC-Unitedだからこその強みだと思います。そんなC-Unitedでいろんなことに挑戦したいですね。

スタッフ一丸となった店づくりが大きなやりがい

児玉 皆さん、お仕事のどんなところにやりがいを感じますか？

小林 私はSVとして2024年2月まで2年半ほどフランチャイズ店を担当していましたが、3月から直営店の担当になりました。私の指導によって店長の成長度合いも評価も変わると思い、責任の重さを感じています。

一方、そのぶん店長の成長を感じたときはやりがいを感じますね。直営店の担当になってまだ半期しか経っていないのでこれからですが、1年後には大きくたくましく成長した店長たちを見たいと思っています。

児玉　逆に、フランチャイズ店の担当をしていたときのやりがいはどんなところにありましたか？

小林　オーナー様は、経営理念を体現するためにご自分の生活をかけて店舗運営をされているわけですから、経営理念に対して非常に強い思いを持ってくださっています。だから、本当に学ばせていただくことが多かったですね。振り返るとオーナー様から多くのことを教わり成長させていただいたと思います。

児玉　カフェ・ベローチェもこれからフランチャイズ展開をしていくので、どんなオーナー様と一緒に事業を展開できるのか、今からすごく楽しみです。金子さんはいかがですか？

金子　お店づくりは私一人ではできないことなので、スタッフさんが一丸となってお店づくりをしてくれているのを実感したときが一番やりがいを感じます。

自分からお客様のトレイキャッチに行ってくれたり、新商品が発売になったら「店長、何個売れました」と報告をくれたり、そういうのを見ると「一緒にがんばってくれているんだな」と心強く感じますし、とてもうれしいですね。

児玉 新店、みんなで行きます！（笑）

金子 お待ちしております（笑）。

屋比久 トレーニング部は日々勉強です。新しい育成プログラムができたら部内でとことん話し合って、まずは自分たちが理解して咀嚼《そしゃく》し、店舗の皆様にどうしたら効果的に伝わるかを考えていきます。
だからこそ、研修を受けてくれた方たちが相槌《あいづち》を打ってくれたり、「よくわかりました」と言ってくれたりしたときは、「伝わってよかった」と思いますし、大きな達成感があります。
でも、まだまだ道半ば。もっともっと店舗の皆様が輝けるようがんばります。

DISCUSSION

児玉　C-Unitedは自分がやりたいことにチャレンジできますし、迷ったときはすぐに手を差し伸べてくれる先輩もいますので、安心してどっしりと構えてきていただければと思います。お待ちしています！

小林　C-Unitedは人も自分も幸せにできる会社。一緒に幸せになりましょう。

金子　仕事では大変なこともたくさんあると思いますが、お客様の笑顔だったり、一緒に働く方たちの笑顔だったり、ものすごくやりがいがあります。ぜひ一緒に働いていただけたらと思います。

屋比久　飲食業や接客が初めてなど不安なこともたくさんあると思いますが、最初の研修で明るく笑顔でお迎えいたしますので、ぜひ安心してC-Unitedにご入社いただければと思います。

本宿　どんな仕事をするにしても、どんな会社に入るにしても、自分が幸せになれる道を選んでいただきたいと思います。

ただ、今よりも、もっともっと幸せになりたいと思っているのならば、ぜひC-Unitedに来てみてください！

座談会参加者

DISCUSSION

Chapter 04

さらなる飛翔へ向けた
C-Unitedの「成長戦略」

「コンビニ」の要素を導入！新手法でテイクアウトニーズを喚起

2025年2月現在、C-Unitedが展開する店舗は全国で約560店舗。これを2027年には700店舗、2030年には1000店舗に拡大する──。これが私たちの掲げる目標ですが、2024年4月に入社した新卒社員の6ヵ月後研修に出席した際、ある社員からこんな質問を受けました。

「こんなに人手不足のときに、なぜどんどん出店するんですか？　店舗を拡大するメリットはどこにあるんですか？」──と。

いい質問だなと心から思いました。

そして、私はこんなふうに答えました。

人手不足の問題はいったん置いておくとして、なぜ私たちC-Unitedは店舗の拡大を目指すのか、これからお答えしたいと思います。

それは、まさに経営理念にある通り、私たちは珈琲文化の創造と発展を通して人を幸せにしたいと考えていて、全国に1店舗でも多くC-Unitedのカフェが広がることにより、それだけ多くのお客様やスタッフを私たちなりに幸せにすることができると信じているからです。

言い方を換えれば、私たちがお届けする一杯のコーヒーを通してお客様が笑顔になり、スタッフも笑顔になる――。そういう幸せの連鎖をもっともっと広めたいから、私たちは店舗の拡大を目指しているのです。

それは単なる営利目的ではなく、またとにかく店舗を増やせばよいということでもありません。私たちはその街に根づいて地域の人びとに愛される、〝街の財産〟となるカフェづくりを目指しています。だからこそ、1店舗1店舗、愛情をかけて大切に育てていきたいと考えています。

一方、質問のように、この人手不足のときに出店を加速すると、お客様によいものをお届けすることも、スタッフを幸せにすることもできなくなるかもしれません。

そうした事態にならないよう、私たちは人材採用やAIを含むデジタル技術の活用、人材育成へのさらなる投資など、できうる限りの施策を打っています。また、必要があれば出店のペースをスローダウンしてでも、じっくりと足場固めをしていきます。

ただ、このことだけは覚えておいてほしいと思います。店舗を拡大するのは、私たちがお届けする一杯のコーヒーを通して、一人でも多くの人を幸せにしたいからであり、私たちはそのためにあらゆる努力を続けていきます。

「GRAB & GO」スタイルでテイクアウトの収益向上を図る

店舗拡大とともに、私たちC-Unitedではさまざまな成長戦略を練っています。その一つが、テイクアウトメニューの拡充です。

マクドナルドなどハンバーガーチェーンに比べればテイクアウトの比率は圧倒的に小さく、また同業種のスターバックスと比較してもC-Unitedは気軽にテイクアウトできるドリンクメニューが少ないので、その分野は伸びる余地が十分にあると考えています。

また、その提供の仕方についても新たな手法の導入を検討しています。それが、「GRAB & GO（グラブ・アンド・ゴー）」というスタイルです。これは、お客様がすでにでき上がっているフードやドリンクを自ら手に取り、レジで会計を済ませるというものです。注文を受けてからフードやドリンクを準備する従来のシステムに比べ、より素早く商品を提供できるのが最大の利点です。

お惣菜屋さんの手づくり感と、コンビニエンスストアの利便性を兼ね備えた提供手法といってもよいかもしれません。

現在でもカフェ・ド・クリエでは、店内で手づくりしたサンドイッチをGRAB & GOのスタイルで販売して人気をいただいています。

今後は、GRAB & GOスタイルで提供するフードやデザートの種類を増やし、テイクアウトメニューを拡充することで、1店舗当たりのさらなる売上伸長を図っていきたいと考えています。

コンビニとの共存共栄を視野に入れたチャレンジが始まる

GRAB & GOスタイルが効果的か否かを検証するため、カフェ・ド・クリエでは2025年3月より実証実験を行います。

前述の通り、カフェ・ド・クリエにはお客様の健康を考えたメニューをご提供する〝からだハピネス®〟というカテゴリがありますが、店内にカテゴリ内のGRAB & GO商品専用の大型ショーケースを設置し、販売するチャレンジをしようと思っています。

これはある意味、コンビニエンスストアとの共存共栄へのチャレンジです。

日本マクドナルドに勤めていたころ、「ライバルはロッテリアですか、それともモスバーガーですか?」などとよく聞かれましたが、そのたびに私は「いえいえ、マクドナルドの一番のライバルはコンビニエンスストアです」と答えていました。私の予想通り、需要が高いコンビニエンスストアはその後急激に店舗数を拡大し、ビジネスという意味では巨大なライバルとなりました。

そして、カフェ・ベローチェやカフェ・ド・クリエのようなセルフサービス型カフェの最大のライバルもまたコンビニエンスストアです。

ご存じのように、各コンビニエンスストアでは手軽な価格で購入できるコーヒーを販売したり、お弁当など店内調理で提供するメニューを拡充したりと、セルフサービス型カフェの要素を取り入れようとしています。

もちろん、その分野では私たちのほうが進んでいますが、陳列商品をお客様に販売する分野ではコンビニエンスストアのほうが圧倒的に上です。だからこそ、私たちはお客様の選択肢をより充実させるために、その分野に漕ぎ出していかなければならないと考えているのです。

コンビニエンスストアならば500円でランチを食べられるけれど、今日は800円払ってもカフェ・ド・クリエのランチを食べたい。そうしたお客様のニーズをどれだけ獲得することができるか——、私たちのチャレンジが始まります。

3つのカフェブランドの強みを活かし、海外市場に打って出る！

店舗拡大やテイクアウトの収益向上を図るとともに、AIを含むデジタル技術の導入により、店舗の生産性を上げていくのも成長戦略の一つです。

そのための施策が、店舗のオペレーションや事務作業などの中から人間がやる必要のないものをロボットやシステムに代替させることです。

例えば、珈琲館の一部店舗では席に配置されている2次元コードを読み取り、スマホからオーダーを行うモバイルオーダーを導入しています。

そうした施策により生産性を向上し、かつパートナーの勤務時間を短縮し、コスト削減を図ることで、社員に今よりも、もっと高い給与を支払いたいと考えています。

世の中では人手不足だからという理由で多くの企業が給与額を上げていますが、人がいないから高い給与を支払うのではなく、人が少なくても高い生産性を確保できるからこそ、その人たちに高い給与を支払いたいのです。

ただ、例えばすべての直営店にロボットやシステムを導入するとなると莫大な資金が必要となります。また、店舗運営に関わるすべての業務・作業の中から、これまで通り人間が行ったほうがよいものと、ロボットやシステムに代替できるものをしっかりと見極めなくてはなりません。

そのため、現在は珈琲館の数店舗に下膳ロボットを導入し、その効果を検証しているところです。

一朝一夕にできることではありませんが、少しずつ、しかし着実にデジタル化による生産性の向上を実現していきたいと思っています。

同時に、店舗の営業時間をもっと短縮することを考えています。

24時間営業など、飲食業というと長時間営業するのが当然というイメージがありますが、しかしよくよく分析すると収益的にはなんらメリットがないということも往々にしてあります。

C-Unitedの店舗は、路面店やショッピングセンター内、病院内など、ロケーションによって営業時間はまちまちですが、各店舗で生産性向上を図りながら、より短い営業時間で今以上の成果が出せるようにしていきたいと思います。

そして最終的には、店舗で働いている時間だけではなく、育成プログラムで自己学習している時間も含め、8時間勤務内にきっちり完了できる――。そんなふうに、社員がより豊かに楽しく働ける飲食事業にしていきたいですね。

東南アジアと北米、ニーズに合わせたカフェブランドで勝機をつかむ

成長戦略として、もう一つ視野に入れているのが海外展開です。

日本では当たり前ですが、海外市場、特に東南アジアではカフェ・ベローチェのようにスピーディーに商品を提供するとともに、ドリンクもフードも充実しているセルフサービス型のカフェブランドはほとんどありません。

そのため、東南アジアではカフェ・ベローチェは斬新なカフェとして受け入れられる可能性が大きいといえます。

実際、インドではすでに1年半ほどかけて市場調査を行い、それが完了したところです。2025年度は国内での出店やリニューアルなどやるべきことが多々ありますので、それが落ち着いた2026年度以降に具体的な案件の検討に入っていきたいと考えています。

一方、私は米国マクドナルド社に在籍していたので北米市場のほうが詳しいし人脈もあるため、北米市場も選択肢に入れています。

東南アジアとは対照的に、北米市場はセルフサービス型カフェチェーン王国ですから、出店するとしたら真逆、つまりフルサービス型の珈琲館で勝負に出ることで勝機が生まれるでしょう。

ただし、北米市場は非常に難しく、出店すればうまくいくといった甘いものではありません。

そのため、C-Unitedが北米市場で直営店を展開するというよりは、地元のレストラン事業者にフランチャイズとして珈琲館を運営してもらうなどパートナー企業を見つけていきたいと考えています。

私たちC-Unitedの海外展開はまさにこれから。

C-Unitedの社員はもちろん、新卒・中途などでC-Unitedに入社する方たちにも海外事業の立ち上げにチャレンジできる大きなチャンスが待っています。

メンバーと力を合わせて海外事業をゼロから立ち上げ、いつかC-Unitedを世界のカフェチェーンにする——、その壮大な試みに挑戦したい方はぜひC-Unitedの船に乗り込んでください。

ブランド価値をより高めて、お客様やスタッフに愛されるカフェへ

皆さんは「マズローの欲求5段階説」をご存じでしょうか？

これは、米国の心理学者アブラハム・マズローが提唱した心理学理論です。

「マズローの欲求5段階説」によれば、人間の欲求には「生理的欲求」「安全の欲求」「社会的欲求（所属と愛の欲求）」「承認欲求」「自己実現欲求」の5段階があり、これらはピラミッドのように積み重なっていて、低次の欲求が満たされるごとにもう一つの上の欲求を持つようになるといいます。

次ページの図のように、最下層の1段階目にあるのが「生理的欲求」で、これは食欲や排泄《はいせつ》欲、睡眠欲など私たち人間が生きていくための欲求のことです。

2段階目の「安全の欲求」とは、心身ともに健康で、経済的にも安定した環境で安心して暮らしたいという欲求を指します。

3段階目の「社会的欲求」は「所属と愛の欲求」とも呼ばれ、集団に所属したいとか、家族や友人などから受け入れられたいという欲求です。

4段階目の「承認欲求」は他者から認められたいと願う欲求のこと。3段階目までの外的な欲求とは違い、自分の内面を満たしたい欲求といえます。

そして、5段階目の「自己実現欲求」は、自分が満足できる自分になりたいと願う欲求です。

私たちは、この「マズローの欲求5段階説」を常に意識しています。

なぜならば、今現在、C-Unitedが展開するカフェチェーンは「マズロー

マズローの欲求5段階説

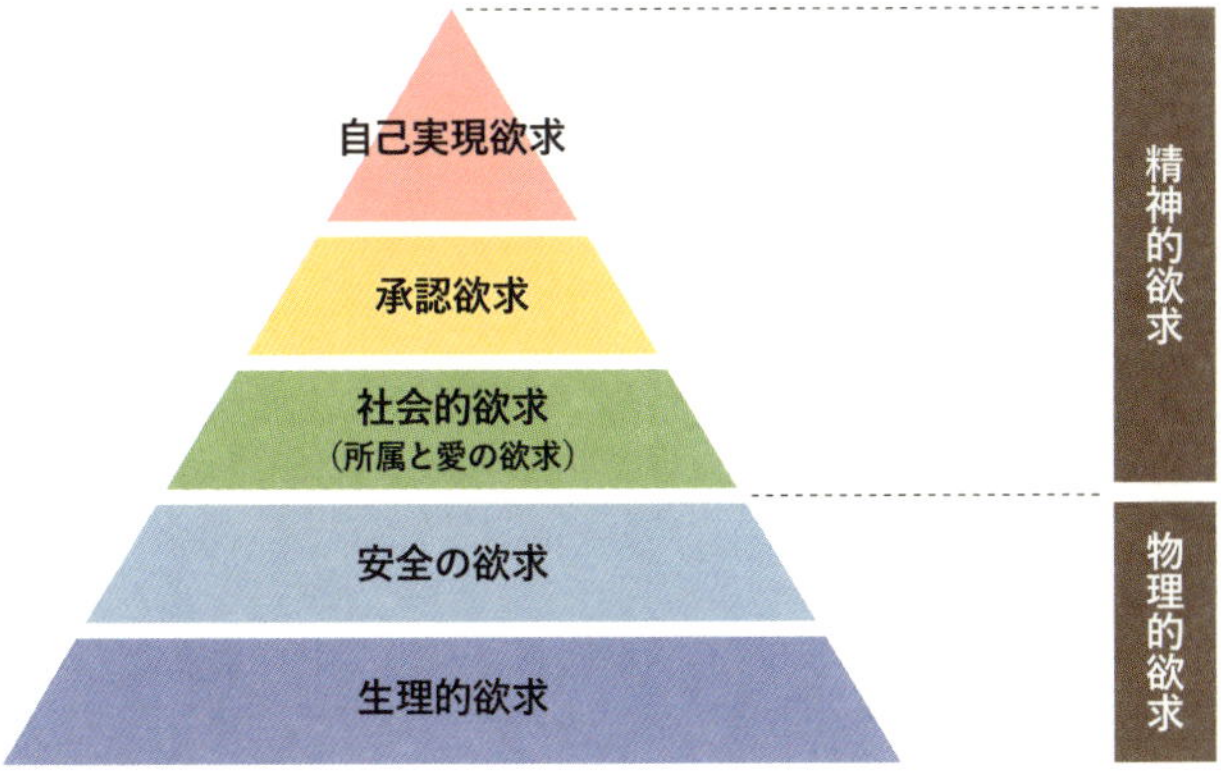

の欲求5段階説」の3段階目の「社会的欲求」を満たすステージで商売をしていると私たちは認識しており、これを4段階目の「承認欲求」を満たすステージに引き上げることにチャレンジしているからです。

つまり、お客様の承認欲求を満たすお店であり、企業であるためにはどうしたらよいかを常日頃考えているということです。

ステージが上がることで、お客様もスタッフもさらに幸せに

なぜ私たちC-Unitedは、3段階目のステージから4段階目のステージへの進化を目指しているのか——。

世界最大級のカフェチェーンであるスターバックスを思い浮かべてください。シンプルでモダンな店内、おしゃれなBGM、お客様のオーダーに細やかに応じるスタッフ、ホスピタリティにあふれた丁寧な接客……。

それらがお客様の承認欲求を満たすものとなっているから、お客様は「ス

ターバックスに行く自分」に大きな満足を抱くことができるのです。
だからこそ、例えば一般のカフェが400円で提供しているものを600円で販売してもお客様は気持ちよく払ってくださるわけです。

つまり、4段階目のステージでカフェチェーンを展開するということは、そのお店に行くことでお客様は内面から満たされ、企業もお客様満足を高めながら収益が上がるという、まさにWin-Winの関係が構築できるということです。

同時に、このことはカフェで働くスタッフのやりがいや誇りを生み、その結果、接客の質がさらに向上するという好循環が生まれることでしょう。

私たちC-Unitedは、お客様もスタッフもさらに幸せになれるカフェチェーンを目指しています。そのために、3段階目のステージから4段階目のステージへと1日も早く進化を遂げたいと考えているのです。

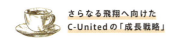

4段階目のステージを目指し、店舗を続々とリニューアル

3段階目から4段階目のステージへ進化を遂げるために、C-Unitedではさまざまな取り組みを進めています。

その一つが店舗のリニューアルです。

現在、カフェ・ベローチェのリニューアルを順次進めており、これまでのクラシカルな雰囲気は継承しながらも、カフェ・ベローチェの未来の形を体現する外装・内装デザインに一新しています。

同時に、ビジネスパーソンのニーズに応えるためコンセント席を増設する一方、ゆったりとくつろいでいただけるよう座り心地のよいローチェアを増やすなど機能面でも充実を図っています。

お客様の評判は上々で「かっこいいお店になった」「スタイリッシュになった」という声を多くいただいており、客数も売上も伸びています。

カフェ・ド・クリエについては設備も刷新するのでその仕様を決めてから順

次リニューアルをしていきたいと考えていますが、それに先行し都内ではすでにリニューアルが完了した店舗もあります。

カフェ・ド・クリエの新たなデザインコンセプトは、豊かさと抑制、秩序と複雑さの間の〝バランス〟を大切にしながら、和風と北欧風を融合させること――。

店内は余白、つまり空間を大切にし、木素材やアースカラーを使用することで、和の落ち着きと北欧の温もりを感じられる空間としています。

珈琲館の次なる50年――、日本の珈琲文化を武器に海外へ

一方、珈琲館は私が社長に就任した2018年以降、ほとんどの新店については新しいデザインコンセプトに基づいた店づくりをしています。

例えば、2023年には珈琲館としては初めて東京・銀座に出店し、9月に珈琲館 銀座インズ店、10月に珈琲館 銀座中央通り二丁目店と2店舗をオープンしました。こちらの店舗に関しては、落ち着きのあるメリハリの効いた天

井空間、オリジナルデザインのシーリングライトなど、銀座らしいブラッシュアップした空間デザインとしています。

1970年に誕生した珈琲館は、今年（2025年）で55周年を迎えます。

私たちC-Unitedは珈琲館の次なる50年を見据えながら、未来の珈琲館の形をつくっていかなければと考えています。

その一つの形として、2025年3月、私たちは京都・錦市場に95坪の大型店を出店しました。名称は「珈琲館 京都錦高倉通店」です。

C-Unitedでは珈琲館の海外展開も視野に入れており、この店舗はまさに海外に打って出るための試金石です。

「京の台所」ともいわれ、多くの外国人旅行者が訪れる錦市場で、外国人が気に入ってリピートしてくれる珈琲館をつくることができるか、チャレンジするのです。

珈琲館 京都錦高倉通店は、石を板状に加工した和モダンの特別素材を内装に使用するなど、珈琲館が55年の長きにわたって培ってきた日本の喫茶店文化を全面に打ち出したデザインとしています。

また、コーヒーのクオリティをさらに高めるため店内には焙煎所を併設し、CUクルーをお雇いして、そこで焙煎した珈琲を「京都ブレンド」として、珈琲館 京都東本願寺前店と京都 錦高倉通店で限定販売します。

これまで半世紀にわたって日本の珈琲文化を牽引《けんいん》し、次なる50年はその日本の珈琲文化を海外へ向けて発信していく——。

そんな未来の珈琲館を創造するために、私たちはこれからもチャレンジを続けていきます。

日本の飲食業の地位をもっと高めるために

C-Unitedを〝日本飲食業株式会社〟のような会社にしたいとお話ししました。

そこには、米国マクドナルドにも引けを取らない人材育成システムによりどこ

リニューアルした

「カフェ・ベローチェ 銀座みゆき通り店」

リニューアルした

カフェ・ド・クリエ 南池袋店

珈琲館の未来を示唆する
スタイリッシュな店舗

珈琲館 横浜日本大通り駅前店

に行っても通用する人材を育てたいという思いに加え、飲食業自体の地位を高めたいという強い思いがあります。

前述のように、私は高校3年生、18歳のときに『レストランマネジメント』を読み、飲食業は経験と勘に頼った水商売でなく、理論と科学に基づいて経営するものだと知り、目が開かれました。

その後、飲食業を理論的に科学するマクドナルドで働き、さらに世界最高水準の人材育成システムを持つ米国ハンバーガー大学で教鞭をとり、レストラン・マネジメント・テクノロジーについて探究し自分のものとしました。

そして、そのレストラン・マネジメント・テクノロジーを駆使し、店舗リニューアルやメニューの刷新、テーブルレシオの改善、人材育成システムの構築などさまざまな施策を実行。カフェ・ベローチェ、珈琲館、カフェ・ド・クリエをはじめとする7つのカフェブランドを着実に成長させてきました。

そうした経験を積み重ねてきたうえで確信するのは、飲食業はレストラン・マネジメント・テクノロジー、つまり理論と科学に基づいたノウハウがなければ長きにわたり継続して収益を出すのは難しいということです。

一生懸命にがんばっている飲食業者の方たちは、ぜひ経験と勘に頼った水商売でなく、理論と科学に基づいた経営を行うことでしっかりと収益を出していただきたいと思います。

収益が増えれば、従業員の給与アップや育成、店舗リニューアルなどに再投資でき、国や地域社会への還元も含めて街の財産となるお店へと成長していきます。欧米と比べると、日本ではまだまだ飲食業のステイタスが低いと感じます。そうした慣習を打破し、飲食業のステイタスを向上させるには一生懸命働いている飲食業の皆さんが豊かで幸せになることが最も重要です。

私たちC-Unitedもさまざまな取り組みを通じて、日本の飲食業のステイタスをもっともっと高めていきます。

ＦＣオーナーとの信頼関係を深化
ともに歩み、ともに成功を続けていく

私が２０１８年に珈琲館の社長に就任したときに感じたのは、会社とフランチャイズオーナーとの関係がWin-Winではないということでした。Win-Lose、あるいはLose-Loseで、このままでは互いに負けてしまうと感じました。

会社とＦＣオーナーとの信頼関係が崩れていて、本部は意見を言うＦＣオーナーを煙たがり、ＦＣオーナーは本部を批判ばかりするという状態だったのです。

もう一度ＦＣオーナーと対話を通じて信頼関係を結び直さなければダメだ――。そう考えた私は新たな経営理念、経営ポリシー、経営目的、基本戦略をつくり、これらに基づいてＦＣオーナーとのコミュニケーションを図ることにしました。

突然経営者が交代したこともあり、FCオーナーの会社に対する不信感はかなり大きなものだったのでしょう。

最初にオーナー会を開催したときは、「本部は何をやっているんだ！」など怒号が飛び交う場面もありました。

そんな中、私はFCオーナーに「信頼の方程式」――尊重（Respect）＋実績（Credibility）＝信頼（Trustworthy）――のお話をし、次のように訴えました。

お互いに相手を尊重しながら、意見を交換しましょう。私は皆様一人ひとりの意見をしっかりと聞きます。だから、私の意見も聞いてください。

そして、半年間時間をください。半年後には必ず店舗の経営改善に関する戦略を発表します。その戦略に基づいて、1年間、店舗運営をしてみてください。

オーナー会を定期的に開催してお互いに意見を交換し合い、さらに私たち本部の戦略を実践することで店舗の売上も向上していき、FCオーナーとの間に少しずつ信頼関係が生まれていきました。

実際、珈琲館全体の売上は、コロナ禍前の2019年と比較すると、

2024年は140％以上に伸びています。

また、2024年のカフェ・ド・クリエのオーナー会では、「まだ2年のおつき合いで実績があまり出ていないため、本部を信頼していただくには至っていないと思いますが、私たちとしては実績を積み重ね1日も早く皆さんと信頼関係を結びたいと考えています」というお話をしました。

そうしたところ、FCオーナーの一人が「実績はずいぶん上がっていますから、私たちはもう十分に信頼していますよ」と言ってくださってとてもうれしかったですね。

私たちC-Unitedと珈琲館のFCオーナーとは8年、カフェ・ド・クリエのFCオーナーとは3年のおつき合いになります。また、2025年からは新たにカフェ・ベローチェでもフランチャイズ事業を開始し、FCオーナーの募集をスタートしました。これからも新しいFCオーナーが続々とC-Unitedの船に乗り込んでくださると思いますが、「信頼の方程式」を胸に、すべてのFCオーナーとWin-Winの関係をつくっていきたいと思っています。

ただし、Win-Winの順序は、必ずFCオーナーのWinを先に、そして我々本部がWinを得ることを忘れないようにします。

街の〝寺子屋〟となるようなフランチャイズ店を1店舗でも多く

私たちC-Unitedは直営店のみならず、フランチャイズ店をもっともっと増やしていきたいと考えています。

なぜならば、フランチャイズ店のオーナーだからこそできることがあるからです。

米国のマクドナルドのフランチャイズ店は、その街の名士がオーナーとなるケースが多くあります。彼らはわが街にマクドナルドをオープンし、15歳ほどの少年少女を雇って、ユニフォームの着方や挨拶の仕方、接客など社会に出るために必要なことを教えていきます。

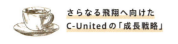

それがわかっているから、お父さんやお母さんは子どもに「マクドナルドで働きなさい」と言うのです。まるで江戸時代に庶民の子どもたちに読み書きを教えた〝寺子屋〟のようではありませんか。

そして、この〝寺子屋〟のような姿が、本来のフランチャイズ店だと私は考えています。収益を追求するだけではなく、子どもたちが生きていくうえで必要なことを、仕事を通して教えることで地域に貢献する――。それこそが〝街の財産〟となるカフェであり、そんなカフェをつくることができるのはその街に住み、その街を愛しているFCオーナーにほかなりません。

また、私たちはFCオーナーに次の世代につなげることができるビジネスをやっていただきたいと考えています。つまり、息子さんや娘さんが後を継いでもいいと思える魅力的なビジネスをしていただきたいのです。

それには安定した収益を継続的に確保できることが重要であり、例えば黒字経営の店舗を1店舗持つよりも、黒字経営の店舗を2～3店舗持つほうが収益は格段に安定します。

こうした考えから、C-Unitedでは直営店の店舗をFCオーナーにお貸しし、店舗運営を委託する新たなフランチャイズ契約システム「ビジネス・ファシリティー・リース（BFL）」を導入しています。

BFLならば、物件を調達する必要がなく、店舗設計や内装工事、調理器具などの設備が整っているため、イニシャルコストも少なく済みます。

また、実績のある既存店の運営なので売上や利益など収益プランも確立し、予測も立ちやすく、リスクを抑えて開業することができるのです。

私たちはＦＣオーナーに次世代につなげることができるビジネスをしていただくために、今後もさまざまな仕組みづくりをしていきます。

また、C-Unitedではフランチャイズ事業説明会を開催しています。対面またはオンラインによる個別面談形式ですので自由にご質問いただけます。本書を読んで興味を持たれた方は、ぜひC-Unitedまでお問い合わせください。

愛する街とそこで暮らす人たちに貢献できる〝街の財産〟となるカフェを、ぜひ私たちC-Unitedと一緒につくっていきましょう。

Chapter 04

Chapter 05

FCオーナーから見たC-Unitedとは？

このチャプターでは、
私たちC-Unitedに対する思いや要望などについて、
お２人のフランチャイズオーナー様に語っていただきました。

「叔父から引き継いだ珈琲館を、リニューアルでV字復活に導く」

珈琲館　フランチャイズオーナー
皆川育美さん

母の言葉に背中を押され、オーナーにチャレンジ！

――珈琲館のオーナーになった経緯は？

茨城県日立市で珈琲館 日立店を経営しています。

こちらの店舗はもともと私の叔父が営んでいたもので、私は正社員として勤務していました。ちなみに、私の父も一緒に働いています。

その叔父から「自分も高齢になったので珈琲館を整理したいと思っている。珈琲館を閉めるか、それとも育美が引き継いでくれるか、どちらか選んでほしい」といった話があったのは2014年10月のことでした。叔父には息子がい

Chapter 05

ますが息子は事業を承継する気はないということで、それで甥《おい》である私に後を任せたいと思ったそうです。

――すぐにオーナーになろうと思ったのですか？

いえいえ、1ヵ月ほど悩みに悩みました（笑）。
少子高齢化で日立市自体も人口が減っていますし、資金も潤沢ではありませんでしたから、最初は続けるのは難しいのではないかと思いました。親戚の人たちも全員が反対でした。
そんな中で、母だけが「やってみないとわからないから、やってみたら」と言ってくれたんです。心が決まりました。
みんな反対するけれど、やってみるかと思ったんです。
それで2015年4月に叔父から事業譲渡を受け、珈琲館日立店のオーナーになりました。

――社員からオーナーになったことで気持ちは変わりましたか？

全然変わりましたね。社員だったころは正直、経営が傾いたら辞めればいいやという気持ちがありましたが（笑）、オーナーという立場になったことでもう辞められないという恐《こわ》さを感じました。だから、最初のうちは肩にものすごく力が入っていて、全然のびのびとできていなかったと思います。

そんな恐さがとれて、少し自信が出てきたのは2年目のときです。珈琲館ではオリジナルのコーヒーを詰め合わせた「ドリップバッグ」を販売しており、毎年、店舗ごとにその売上を競うコンテストがあります。私はそのコンテストで必ず1位をとると決めていて、本当に1位になることができたんです。自信がついてきたのは、このあたりからでしょうか。

思い切ってリニューアル、お客様数も売上も伸びた

――オーナーになって3年目、本部が珈琲館からC-Unitedに変わりますが、変化はありましたか？

C-Unitedになったことで、フランチャイズ店と直営店の壁が少しなくなったように感じます。以前は、直営店は本部の方針がきちんと浸透してまとまっているけれど、フランチャイズ店は本部の方針があまり行き渡っていなくて各

Chapter 05

店舗がバラバラという印象がありました。

それがC-Unitedになってからは、直営店もフランチャイズ店もこういう方向で進んでいくんだという道筋がはっきり見えるようになって店舗運営がやりやすくなりましたし、フランチャイズ店のまとまりも強くなったと思います。

——2023年7月には、店舗のリニューアルを実施されますね。リニューアルの目的は？

その前年の2022年の初め、うちの店舗と同じ建物に入っていたイトーヨーカドーが閉店したのを受け、市が新たな商業施設の建設計画をスタートさせました。それで、市のほうから新しい商業施設ができるので、もしよければ珈琲館もそちらに移転してもらえないかという話をもらったんです。

移転して新店舗をつくるには金融機関から融資を受ける必要があるため悩みましたが、SVに相談したところ「皆川さんは40歳ですよね。そのぐらいの若さなら、一度チャレンジしてみてはどうですか」と言われたんです。確かにもう少し年齢を経たら体力的にもきつくなりますし、挑戦しようという気力も衰えているかもしれません。チャレンジするなら今だ——と思いました。

その後も収益プランなどの検討材料を用意してもらったり、どんなお店にするか毎日のように電話で相談に乗ってもらったり、SVにサポートしてもらいながらリニューアルの準備を進めていきました。

――一から店舗をつくったわけですが、大変なことはなかったですか？

一から店舗をつくることは想定していませんでしたが、既存店をいつかリニューアルしたいとは思っていて、参考のために東京の新しい店舗をいくつか回りデザインやレイアウトのイメージを膨らませていました。

それをもとに「こういう感じの店舗にしたい」という構想と予算をC-Unitedの担当者に伝えたら、あとは協力企業の手配から設計、内装デザイン、施工まですべてC-Unitedがやってくれました。私も大変だろうと覚悟していましたが、全然大変じゃなかったんです（笑）。

――リニューアル後のお客様の反応や売上はいかがですか？

２０２３年７月に新しい珈琲館 日立店をオープンしました。

以前の店舗は35坪ほどでしたが、新しい店舗は50坪とかなり広くなりました。

また、外から店内が見えるオープンな造りにしてもらったのでお客様が入りやすくなったと思います。

実際、お客様数もかなり増え、以前は1日80人のお客様が入ればよいほうでしたが、今は1日100人を超えています。お客様の幅も広がり、高校生や子ども連れのご家族などさまざまな年齢層のお客様にご利用いただけるようになりました。

おかげさまで売上もかなり伸びており、あのときSVに背中を押してもらって本当によかったと思っています。

今、まさにWin-Winな関係を築いています！

――C-Unitedの印象はいかがですか？

C-Unitedになってから、例えばフランチャイズ店が販促用のチラシをつくったり、喫煙ブースをつくったりする場合は、本部がそのうちのいくらかを補助するという制度が新設されました。

そんなふうにC-Unitedは、私たちフランチャイズ店のことを本当によく考えてくれていると思います。だから、今はフランチャイズとして本当にやりやすくなったと思います。

——友成社長の印象は？

半年に一度のオーナー会の際にお目にかかる程度ですが、いつも明るく気さくに話してくださいます。

前回のオーナー会でお会いしたときは「3店舗出さないうちは、ベンツは買うな。ベンツはまだまだ早い。それで失敗した人をたくさん見てきたから」と言われました(笑)。一人ひとりのオーナーをちゃんと見てくれているのもうれしいですね。

——C-Unitedは、フランチャイズオーナー様と信頼関係を築き、Win-Winの関係を結ぶことを経営目的として掲げています。C-Unitedのオーナー様に対する行動は貴店にとってWinになっているでしょうか？

Win-Winな関係というのは、言い換えればお互いが幸せな状態であるということだと思います。

今回の店舗のリニューアルに関してはSVをはじめ、設計会社や施工会社など本当にさまざまな方たちに協力していただきました。

リニューアルしてお客様や売上が伸びたことも私にとってWinですが、それだけではなくリニューアルに関わったすべての人が店がうまく行っているのを見て喜んでくださったなら、それこそが私にとっての最大のWinです。

そういう意味では、珈琲館 日立店が順調に成長し、SVも本部の方たちもみんな喜んでくださっているので、まさにWin-Winだと思います！

チャレンジすれば必ず最後にはWinになる

――オーナーのやりがいはどんなところにありますか？

C-Unitedではさきほど言ったドリップバッグコンテスト以外にもさまざまなコンテストがあって、スタッフの中には「このコンテストで全国1位をとりたいのでがんばります」と言ってくれる子もいます。

そんなふうにスタッフがやる気を持ち、成長する様子を見るのがうれしいですね。

私たち珈琲館 日立店には私と父に加え8名のスタッフがいますが、そのスタッフたちを育てることがオーナーとして一番のやりがいです。

——今後の目標は？

現在は珈琲館 日立店の1店舗ですが、友成社長が言ってくださったように、もう2、3店舗出店してみたい気持ちはあります。SVが店舗に来てくれたときも新店出店の話をよくしています。

出店するなら、やはり珈琲館がいいと思っています。コーヒーがおいしいですから。私自身、朝の仕込みの際にアイスコーヒーを淹れて飲むのですが、どこのカフェよりも珈琲館のアイスコーヒーがおいしいと思います。

そして自分が大好きなものだから、お客様にも自信を持って出すことができます。

新店舗出店の具体的な構想はまだまだこれからですが、いつか夢を実現したいですね。

――C-Unitedのフランチャイズ店を検討している方にメッセージを。

私自身、フランチャイズ店をやるかやるまいか本当に悩みましたし、資金も含めやはり難しいのではないかと思ったときもあります。でも、思い切ってチャレンジしてみて本当によかったと思っています。

最初は恐いと思いますが、チャレンジすれば必ず最後にはWinになると思いますし、C-Unitedにはそれだけの土壌があります。

C-Unitedのフランチャイズ店になることを検討している方は、ぜひチャレンジしてみてください。

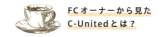

「C-Unitedとの二人三脚で、飲食業初心者から5店舗経営へ」

カフェ・ド・クリエ フランチャイズオーナー
BLUE TERRACE株式会社 代表取締役
岩崎友香さん

本部のサポートで1号店から事業が軌道に乗った！

――カフェ・ド・クリエのフランチャイズ店になった経緯は？

BLUE TERRACE株式会社は、もともと全国に調剤薬局を展開する企業のグループ会社として2021年に設立されました。

当時、当社では患者様が店舗での待ち時間にコーヒーを飲みながらくつろげるよう調剤薬局との併設でカフェを運営することを検討していて、一緒にやってくれるカフェ事業者を探していたんです。

そんな中、知人から紹介されたのがカフェ・ド・クリエでした。お話を聞くとカフェ・ド・クリエ ホピタルという病院内店舗も運営していて、それならば当社が目指す方向性に近いと思い、お願いすることに決めました。

実は私自身はカフェ・ド・クリエをあまり利用したことがなく、メニューが豊富でそのどれもがおいしいと知ったのは事業を始めた後でしたが……（笑）。

――それで加盟契約を結び、2021年4月には1号店がオープンしますね。

1号店は、カフェ・ド・クリエ ホピタル 慶應義塾大学病院店です。

当初は調剤薬局との併設店を想定していましたが、実際にご提案いただいたのは病院内の店舗でした。思いもよらないお話でしたが、患者様や医療機関の皆様とつながる機会になればと考えチャレンジすることに決めたんです。

――飲食業は初めてということですが、不安はありませんでしたか？

何もかも初めてのことだったので、漠然とした不安が大きかったですね。でも、SVがずっとつきっきりで面倒を見てくれましたので、実際に準備を始めたら徐々に不安が消えていきました。

オープン後もとても順調でしたね。カフェの経営は素人同然ですから、正直初めは赤字を出す覚悟もしていたのですが、本部の綿密なリサーチやアドバイスもあって無事に軌道に乗せることができました。

オープンから5年を迎えますが、現在では入院患者様がお見舞いにいらっしゃる方とゆったりと時間を過ごしたり、病院で働く方々が憩いの場として利用したり、皆様に親しまれる店舗として育っています。


――その後、2号店、3号店、4号店と順調に店舗を拡大していきます。それぞれの店舗を簡単にご紹介いただけますか？


1号店のオープンと同じ年の12月、千葉県八千代市にカフェ・ド・クリエ八千代中央駅店をオープンしました。

こちらは当初の計画通りの調剤薬局との併設店です。

薬局の待合室とカフェの間に仕切りがなく自由に行き来できるので、「お薬ができたら呼んでください」と声をかけてカフェで過ごされる患者様も多くいらっしゃいます。

1年後の2022年12月には札幌市に調剤薬局との併設店であるカフェ・ド・クリエ 札幌駅北口店を開店し、さらに翌2023年4月にはカフェ・ド・

クリエ ホピタル 北海道大学病院店をオープンしました。

お互いを尊重し自由にできるのがC-Unitedの魅力

――C-Unitedのサポートはいかがですか？

フランチャイズ店となった3年目、2023年に運営がポッカクリエイトからC-Unitedに変わりました。

当初はどうなるんだろうという不安がありましたが、何の混乱もなくスムーズに移行したのは本当にすごいなと思います。

また、当社の営業担当者を一人しっかりつけてくださっており、東京、北海道、千葉など、どこに出店する際にもその営業担当者がすべてサポートしてくださるのは非常に心強いですね。

――C-Unitedの印象は？

「つかず離れず」という感じでしょうか（笑）。

普段はSVが定期的に連絡をくれたり、本社の役員が関西に来たときは当社がある神戸までわざわざ足を延ばして寄ってくれたりと、そっと寄り添いながら見ていてくれて、困ったときにはSVが朝でも夜でも相談に乗ってくれたり、何かあればすぐにお店に駆けつけてくれる――そんな感じです。

私自身、本部の担当者が日々べったりついて、あれこれ言われるのは好きではないんですね（笑）。

ですから、お互いを尊重しながら自由にやれるC-Unitedはとてもおつき合いしやすいですし、気持ちよくお仕事をさせていただいています。

――店長やスタッフの方たちとC-Unitedの関係はいかがですか？

当社の店舗の店長たちは、C-UnitedのSVと月に1回ほどオンラインでミーティングをさせていただいています。

売上の報告や今後の戦略のすり合わせを行ったり、自分の店舗の課題を話してアドバイスをもらったりして、それを翌日からの店舗運営に活かしています。

また現在、5号店となる新店出店を控え、店長となる子がC-Unitedの本社で店長研修を受けていますが、「すごく勉強になるし、何より楽しいです」と言っています。

本当によい研修をしてくださっているんだと思います。

そんなふうに、社員がやりがいを持って楽しみながら仕事ができる環境をつくってくれるのは、本当にありがたいですね。

一方、C-Unitedの担当者からも「楽しみながら研修を受けていますよ」「こういう面がとても長《た》けていると思います」など逐次報告をいただけますので、大切な社員を安心してお預けすることができています。

――C-Unitedへの要望はありますか？

カフェ・ド・クリエはカウンターでお客様のご注文をお受けし、カウンターで商品をお渡しする形なので、お客様にはカウンターの前でお待ちいただくことになります。

ありがたいことに慶應義塾大学病院内の店舗には本当にたくさんのお客様が来てくださるのですが、ピークの時間帯になるとレジやカウンターの前に長い行列ができてしまいます。

特に病院内店舗ということで、けがや病気を抱えた方やご高齢者も多く来店されますので、それがいつも気になっています。

珈琲館ではモバイルオーダーを取り入れている店舗もありますので、カフェ・ド・クリエでもぜひ取り入れ、お客様はテーブルに座って注文し、ご注文の商品ができたらカウンターに取りに行くという仕組みができたらいいなと思っています。友成さん、お願いします！(笑)

ロケーションに合わせて最適なブランドを選択

――2025年2月に神戸に新店をオープンしましたよね。

調剤薬局グループから独立し、BLUE TERRACEを経営していくことになりました。

調剤薬局のグループ会社だったときは調剤薬局との併設店としてのカフェ運営を目指していましたが、BLUE TERRACEとして独立したことでもっといろんな可能性を模索できるようになったのです。

そんなときに、当社の本拠地であり、私の生まれ育った街でもある神戸の物件を紹介され、出店を決意したわけです。

――今度の新店はカフェ・ド・クリエではなく、珈琲館ということですが。

新店舗をオープンする旧居留地は、ヨーロッパの近代都市計画に倣って設計された美しい街に、百貨店やブランドショップ、小粋なカフェやレストランなどさまざまなお店が立ち並ぶ神戸の一等地です。

そうしたロケーションを考え、営業担当者と何度も打ち合わせを重ねた結果、カフェ・ド・クリエ、珈琲館、カフェ・ベローチェの中で最も高級感があるフルサービス型の珈琲館でチャレンジすることに決めました。

カフェ・ド・クリエ、珈琲館、カフェ・ベローチェという中心的な3つのカフェブランドがあり、ロケーションに合わせて最適なブランドを選択できるのもC-Unitedのよさですね。

――どんなお店にしていきたいですか？

旧居留地は、地元の方はもちろん、国内外からの観光客も非常に多いエリアです。そうした方たちに本当においしいコーヒーをお出しするとともに、ゆったりとくつろいでいただける場所をご提供できたらいいですね。

「人と人とのつながりを生み出せる場所」を

――カフェ事業を展開するやりがいや楽しさはどんなところにありますか?

「人と人とのつながりを生み出せる場所」をつくれることでしょうか。

店舗に顔を出したときに、お客様が店長やスタッフに「また来たよ」とか「あなたに会いに来たよ」と話しかけ、そう声をかけられた店長やスタッフがすごくうれしそうに仕事をしているのを見ると、「とてもよい場所を提供することができているんだな」とうれしくなります。あとは、やっぱり店長やスタッフのみんながかんばっている姿を見ることが大きなやりがいです。

そんな「人と人とのつながりを生み出せる場所」をつくるには、やはり一ヵ所で長くやり続けることが最も大切です。これからオープンする店舗も含め、すべての店舗を大切に育て、できる限り長く継続させていきたいと思います。

――これからの夢を教えてください。

珈琲館については、初めてチャレンジするカフェブランドですので、まずは2025年3月にオープンする旧居留地の店舗が軌道に乗るよう、C-United

と二人三脚でがんばりたいと思います。

それが一段落ついたら、自分の生まれ故郷である神戸をはじめ、大阪など関西エリアへの出店に挑戦し、「人と人とのつながりを生み出せる場所」を増やしていきたいと思っています。

――C-Unitedのフランチャイズ店を検討している方にメッセージを。

必要なのは、一歩踏み出す勇気です。

一歩踏み出しさえすれば、準備から開店、店舗運営まで、営業担当者やSVが万全の体制でサポートしてくれます。実際、飲食業初心者の私たちも今では5店舗を運営するまでになりました。

どうぞ安心して、輝く未来への一歩を踏み出してください。

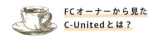

おわりに

次世代の若者たちよ、珈琲文化の未来を拓《ひら》け

珈琲文化を振り返ると、ファーストウェーブ、セカンドウェーブ、サードウェーブという3つの波があるといわれます。

ファーストウェーブとは19世紀後半から1960年代、流通の発達などによりコーヒーが安価になり、世界中にコーヒーが広まったことを指します。

セカンドウェーブは、1960年代初頭から1990年代に起こった深煎りブームです。シアトル系と呼ばれるコーヒーチェーンが人気を博し、その代表格としてスターバックスが一世を風靡《ふうび》しました。

そして2000年以降のサードウェーブでは、生産から消費までにこだわり、一杯一杯丁寧に淹れ、豆本来の香りや味を楽しめる高付加価値のスペシャルティコーヒーが注目を集めています。

では、この先の50年、どんな珈琲文化が到来するのでしょう。そして、カフェ

チェーンはどのような進化を遂げていくのでしょう。

それを創造していくのは私ではなく、次世代の若者の皆さんです。

C-Unitedの取り組みに興味のある若者は、ぜひC-Unitedの船に乗り込んでください。若々しい感性でどんどんアイデアを出してください。そして、未来の珈琲文化、未来のカフェチェーンを皆さんで創造していってください。

その珈琲文化の未来を拓く航海は、とてつもなく楽しいでしょう。

最後に、本書の執筆にご協力いただいたカフェ・ド・クリエ フランチャイズオーナー 岩崎友香さん、珈琲館 フランチャイズオーナー 皆川育美さん、当社スタッフの児玉ももさん、屋比久美希さん、小林淳子さん、本宿勇志さん、金子遥南さん、髙谷美妃さん、服部雛子さん、小澤元さん、宮﨑健一さんそして、プレジデント社の金久保徹さん、桑原奈穂子さんに感謝の意を伝え、筆をおきたいと思います。

2025年3月

C-United株式会社 代表取締役社長　友成勇樹

C-Unitedのご紹介

法人概要

会社名：C-United株式会社
代表者：代表取締役社長　友成勇樹
所在地：東京都港区芝大門2丁目10番12号 KDX芝大門ビル1階・9階
TEL：03-6432-0084（代表）
FAX：03-6432-0236
設立：2018年3月6日
創業：1965年5月26日（株式会社シャノアール創業日）
従業員数：1097名（うち社員数868名、2025年1月現在）
事業内容：カフェチェーンの経営（直営店およびフランチャイズ店舗）、物販事業、
食材卸売事業

ブランド一覧

- 珈琲館
- カフェ・ベローチェ
- カフェ・ド・クリエ
- カフェ・ド・クリエ ホピタル
- 珈琲館 蔵
- CAFE DI ESPRESSO 珈琲館
- THE SMOKIST COFFEE
- メゾン・ド・ヴェール

ホームページ

https://c-united.co.jp/

珈琲館×カフェ・ベローチェ×カフェ・ド・クリエ

C-UNITED

一杯のコーヒーに心をこめて

～“街の財産”となるカフェづくりを！～

2025年3月31日　第1刷発行

著　者　友成勇樹
発行者　鈴木勝彦
発行所　株式会社プレジデント社
〒102-8641
東京都千代田区平河町2-16-1 平河町森タワー13階
https://www.president.co.jp/　https://presidentstore.jp/
電話　編集 03-3237-3733
販売 03-3237-3731
販　売　高橋 徹、川井田美景、森田 巌、末吉秀樹

構　成　桑原奈穂子
撮　影　加々美義人、野瀬勝一
装　丁　鈴木美里
組　版　清水絵理子
校　正　株式会社ヴェリタ
制　作　関 結香
編　集　金久保 徹

印刷・製本　株式会社サンエー印刷

ISBN978-4-8334-5263-2
Printed in Japan